기독교문서선교회(Christian Literature Center: 약칭 CLC)는 1941년 영국 콜체스터에서 켄 아담스에 의해 시작되었으며 국제 본부는 미국 필라델피아에 있습니다. 국제 CLC는 59개 나라에서 180개의 본부를 두고, 약 650여 명의 선교사들이 이동 도서차량 40대를 이용하여 문서 보급에 힘쓰고 있으며 이메일 주문을 통해 130여 국으로 책을 공급하고 있습니다. 한국 CLC는 청교도적 복음주의 신학과 신앙 서적을 출판하는 문서선교기관으로서, 한 영혼이라도 구원되길 소망하면서 주님이 오시는 그날까지 최선을 다할 것입니다.

## 추천사 1

**김 도 인 목사**
아트설교연구원 대표

아주 흥미로운 책이다. 독자가 "도대체 뭐야"라고 고개를 쭉 내밀게 하는 책이기에 그렇다.

이 책의 무대는 인도네시아이다. 대상은 탈레반으로 유명한 아프가니스탄 사람들이다. 선교사는 아프가니스탄 사람들을 대상으로 선교한다. 저자는 미국에서 목회하는 목회자이다.

이 책은 우리의 편협한 생각을 넓혀 준다. 우리끼리의 신앙에서 하나님의 자녀를 다시 보게 한다. 저자는 짧게 경험한 3년의 인도네시아 교수 사역에서 아프가니스탄 사람들을 대상으로 하는 권용준 선교사의 사역을 목도했다. 그 현장의 소리를 이 책에 담은 것이다.

선교지에서는 여전히 하나님의 일하심을 강력하게 목도할 수 있다. 그 강력한 하나님의 일하심을 아프가니스탄 사람들을 통해서 전하려 한다. 박종순 목사는 이 책을 쓴 목적을 다음과 같이 말한다.

"아프가니스탄 사태 이후 하나님이 하시는 역사가 세상에 널리 알려져 하나님이 행하시는 놀라운 역사를 함께 나누기 원한다."

우리는 이 책을 통해 한국 교회에 갇혀 있는 눈을 하나님의 교회라는 시각으로 넓혀야 한다. 저자는 우리에게 나, 가족, 사회생활에 갇혀 있는 행동반경을 세계로 넓히라고 도전한다. 마지막으로 이미 잊혀진 아프가니스탄을 잊지 말라고 당부한다.

이 책은 하나님의 일하심, 아프가니스탄 사람들의 믿음, 끔찍한 아프가니스탄 상황, 인도네시아 난민 캠프의 실상, 난민들의 힘든 삶, 난민 사역의 어려움 등을 보여 준다. 선교지를 알고 싶다면 이 책은 제일 먼저 읽어야 할 책이다.
저자의 한마디가 강렬하다.
"하나님은 아프가니스탄을 떠나신 적이 없다."

## 추천사 2

강 준 민 목사
LA 새생명비전교회 담임

『나의 사랑 아프가니스탄』은 저자의 영혼 사랑 이야기다. 한 영혼이 얼마나 소중한가를 보여 주는 선교 이야기다. 이 책은 하나님의 거대한 구속사 안에서 하나님이 난민들을 구원하시는 이야기다. 인도네시아의 난민공동체에서 살고 있는 아프가니스탄 사람들이 주님께로 돌아오는 이야기다.

무슬림을 전도하는 것은 결코 쉬운 일이 아니다. 그런데 난민이 된 아프카니스탄 사람들이 인도네시아에서 복음을 듣고 구원의 은총을 누리고 있다. 성삼위 하나님의 이름으로 세례(침례)를 받고 신학교에서 공부하고 있다.

하나님의 선교 이야기는 변방에서 시작되고, 변방에서 세계로 뻗어 나간다. 하나님의 선교는 난민, 나그네, 이민자, 버림 받은 자, 쫓겨난 자들 속에서 전개된다. 고난의 신비다. 지혜로우신 하나님은 고통을 낭비하지 않으신다. 흑암 중에 보화를 발견케 하시는 분이다.

이 책은 인도네시아에서 사역하시는 헌신된 선교사의 스토리다. 무엇보다 난민들을 구원하시는 하나님의 선교 스토리다. 그래서 울림과 감동을 준다.

나는 이 책을 혼돈과 외로움과 고난 속에서 사역하시는 선교사님들에게 추천하고 싶다. 세계 선교를 위해 헌신한 한국 교회와 이민교회의 선교 일꾼들에게 추천하고 싶다. 어두움 속에 빛을 비추시고, 고난을 통해 신령한 복을 부어 주시는 하나님의 기적을 사모하는 분들에게 추천하고 싶다.

### 추천사 3

**김근중 목사**
늘푸른교회 담임

　나는 칼을 좋아한다. 날이 잘 선 칼을 보면 사고 싶은 충동을 느낀다.
　유신헌법이 선포되고 데모로 얼룩진 대학가에서 1974년, 나는 목사의 길을 가고자 서대문 언덕을 올랐다. 수도원 같은 캠퍼스는 활화산처럼 터져 나오는 대학가의 데모 열기와는 전혀 다른 거룩한 구도자들의 도(道)를 닦는, 말 그대로 선지동산이었다.
　입학 후 첫 경건회에서 영적 해석의 거장이신 고(故) 영암 김응조 목사님은 "목사는 목에 칼이 들어와도 할 말은 해야 한다"며 예언자로 살아야 할 것을 말씀하셨다.

　박종순 목사의 『나의 사랑 아프가니스탄』을 읽어 가면서 나는 우리 시대 예언자의 모습을 보는 것 같았다. 자신의 삶을 자서전적 고백서로 담백하게 담아낸 이 책은 자기 부인, 자기 버림, 자기 죽음을 고백하고 있다. 깨끗하고 처절하다. 부끄러운 일이지만 속살을 그대로 드러내고 있다.

하늘의 은혜와 용기가 없다면 써 내려갈 수 없는 죽음의 이야기다.
절제되고 부드럽지만 한 글자 한 글자가 내 심장을 뛰게 했다.
어떻게 이런 글을 쓰실 수 있었을까?


대부분의 자기 고백서는 자기 자랑으로 지면을 채운다. 그런데 이 책은 참혹할 정도로 가난하다. 애통하고 의에 목마름으로 가득하다. 놀랍고 충격이었다. 제 살을 깎아 먹는 난산(難産)을 거듭하면서도 선교의 열정을 가지고 써 내려가는 숨겨진 이야기에서 우리는 현존(現存)하시는 하나님을 볼 수 있었다.


박종순 목사는 그야말로 "목에 칼이 들어와도 할 일을 하는 사람"이다. 인도네시아 아프카니스탄 난민 선교 이야기는 그의 예언자적 결단이 없었다면 세상에 활자화되지 못했을 것이다. 그는 우리 시대에 만나고 싶은 걸어다니는 성전이며 움직이는 교회, 갈릴리 사람인 것을 삶으로 보여 주고 있다.

하나님께서도 나와 같은 생각일 것이라 확신하며 선교에 도전과 비전을 심어 주는 "하나님은 한 번도 아프가니스탄을 떠나신 적이 없다"는 하나님 나라 이야기를 기쁨으로 추천하며 기립 박수를 보낸다.

## 추천사 4

이 동 원 목사
지구촌교회 목회리더십센터 대표

사도행전은 미완의 책이다.

지금도 사도행전은 지구상 도처에서 쓰이고 있다. 이 책은 아프가니스탄 난민들의 사도행전이다. 권용준 선교사라는 한 사람을 중심으로 펼쳐지는 난민 사도행전 이야기이다. 박종순 목사님이 이 사도행전의 저자가 되었다. 누가가 사도행전에서 "우리가"라는 표현으로 그 역사에 동참한 것처럼 박 목사님도 우연한 필연으로 이 난민 드라마에 동참하게 된 것이다.

우리가 하나님이 완성하신 천국에 도착할 때 우리는 수십, 수백의 사도행전을 만나게 될 것이다. 우리가 부르는 찬송가 가사처럼 이름 없이 빛도 없이 쓰임받은 이름 없는 영웅(Unsung Hero)들을 만나게 될 것이다.

열혈 독서가 박종순 목사님의 손을 빌어 이런 미완의 사도행전을 훔쳐보는 것만으로도 우리는 충분히 놀라고 감격할 수 있다. 자극과 도전을 상실한 시대에 이 책은 우리로 하나님의 신묘한 섭리에 가슴을 열게 한다.

이 책이 아프가니스탄의 출애굽에서 인도네시아의 가나안으로 우리를 인도하는 동안 우리는 아프가니스탄 주의 백성들의 사도행전이 끝나지 않았음을 확인하고 다시 기도의 무릎을 꿇게 된다.

샘물교회 사건은 하나님이 쓰신 드라마의 시작이었고 역사의 주인은 이제 이 드라마를 구속사의 저편에서 새롭게 열매를 맺게 하고 계심을 보고 놀라지 않을 수 없다.

구속사 드라마의 한 관객이 된 작은 목동인 나는 이제 이렇게 기도한다.

"부디, 이 책으로 아프가니스탄의 드라마가 인도네시아와 세계 도처에서 해피엔딩으로 주께 영광을 돌리게 되기를!"

## 추천사 5

**박 종 렬 목사**
조이어스교회 담임

탈레반 정권이 물러나고 얼마 후 아프가니스탄을 방문하게 되었다. 아직 어수선한 가운데 아프가니스탄 정부 조직이 구성되고 있을 때, 주로 학교를 중심으로 현지 상황을 파악했다. 그때 만난 그곳 아이들의 또렷한 눈망울과 당당한 의견 제시는 잊히지 않는다.

자신의 형편없는 나라 사정을 잘 알고 있는 아이들은 조국을 위해 어떤 역할을 하고 어떤 준비를 해야 하는지를 또렷하게 알고 있었던 것이다.

최근 미국의 형편없는 판단으로 다시 그곳에 암흑이 찾아온 것에 가슴 아프지만 그래도 인도네시아와 아프가니스탄 현지에서 온라인으로 그들의 다음 세대 자녀 등이 신학을 하게 된 것이 얼마나 감사한지 모른다.

이번 박종순 목사님의 고백을 함께하며 가슴이 먹먹해지는 것은 하나님의 신비 때문이다. 그 신비는 안타까운 지금의 현실에서도 여전히 굴하지 않고 선교가 이어지고 있다는 것이다. 이러한 사실이 20여 년 전, 아프가니스탄에서 받은 감동을 떠오르게 한다.

  이런 감동을 선사한 게이트웨이신학교와 사랑하는 박종순 목사님, 인도네시아의 권용준 선교사님께 존경과 감사의 마음을 이 글을 통해 전한다.
  하나님의 신비는 이분들과 책에 담긴 고백대로 계속 이어질 것이다.

# 나의 사랑 아프가니스탄
### 널 사랑하심

"하나님은 한 번도 아프가니스탄을 떠나신 적이 없다."

*God's Eternal Love of Afghanistan*
Written by Paul Park
All rights reserved.
Korean Edition Copyright ⓒ 2024 by Christian Literature Center, Seoul, Korea.

## 나의 사랑 아프가니스탄

2024년 9월 25일 초판 발행

지 은 이 | 박종순

편　　집 | 오현정
디 자 인 | 이보래
펴 낸 곳 | (사)기독교문서선교회
등　　록 | 제16-25호(1980. 1. 18.)
주　　소 | 서울특별시 동대문구 천호대로71길 39
전　　화 | 02-586-8761~3(본사) 031-942-8761(영업부)
팩　　스 | 02-523-0131(본사) 031-942-8763(영업부)
이 메 일 | clckor@gmail.com
홈페이지 | www.clcbook.com
송금계좌 | 기업은행 073-000308-04-020 (사)기독교문서선교회
일련번호 | 2024-101

ISBN 978-89-341-2737-6(03230)

이 책의 출판권은 (사)기독교문서선교회가 소유합니다.
신저작권법에 의해 한국 내에서 보호를 받는 저작물이므로 무단 전재와 무단 복제를 금합니다.

# 나의 사랑 아프가니스탄

박종순 지음

미군 철수, 그 후 난민이 된
아프가니스탄 그리스도인들의
사도행전

CLC

# 목차

추천사 1  김도인 목사 | 아트설교연구원 대표  1
추천사 2  강준민 목사 | LA 새생명비전교회 담임  3
추천사 3  김근중 목사 | 늘푸른교회 담임  5
추천사 4  이동원 목사 | 지구촌교회 목회리더십센터 대표  7
추천사 5  박종렬 목사 | 조이어스교회 담임  9

프롤로그  17

## 제1부  씨를 뿌리는 다양한 방법

1. 왜 하필 나야? — 21
2. 내 이럴 줄 알았다 — 28
3. 강의가 시작되다 — 37
4. 둘째 날 강의가 시작되다 — 53
5. 넘어야 할 큰 문턱 — 54
6. 탈레반이 누구인가? — 58
7. 아프가니스탄 난민이 왜 인도네시아에? — 60
8. 권용준 선교사 이야기 — 64
9. 둘째 날 수업 - 새로운 학생(장기 가격의 폭락) — 70
10. 자폭이 일상인 삶(폭력을 조장하는 공동체) — 77
11. 오골계(검은 닭)라고 생각하면 돼(환경 개선이 시급한 이유) — 91
12. 침례(세례) 전날 사라진 형제, 2년 만에 다시 나타나다! — 96
13. 삼겹줄보다 더 튼튼하고 촘촘한 하나님의 네트워크 — 101
14. 난민 사역에서 가장 현실적인 필요 : 재정 — 108
15. 하나님은 아프가니스탄을 떠나신 적이 없다 — 129

## 제2부　열매가 맺히기 시작하다

1. 드디어, 9명이 졸업하다　　　　　　　　　　137
2. 계속된 하나님의 손길　　　　　　　　　　　160
3. 이성을 초월한 간증과 사역의 역사　　　　　169
4. 다시 인도네시아로　　　　　　　　　　　　178
5. 인도네시아에서 온 최근의 사역 소식　　　　186


**에필로그**　　　　　　　　　　　　　　　　　189

# 프롤로그

    이 이야기는 내가 경험하고 있는 극히 작은 일부분이다. 나는 아주 적은 사역의 일부분을 보고 듣는 경험을 하였지만 그것들이 결단코 사소한 이야기는 아니다. 나는 지극히 제한된 부분을 경험하고 있지만 지금 인도네시아에서 일어나고 있는 이슬람 형제들의 회심은 놀랍고 큰일이다.

    지금 일어나는 이야기를 직접 볼 수 있다면 뇌에서는 도파민이 나오고 심장이 쫄깃해질 것이다. 지난 3년간의 나의 경험은 권용준 선교사가 아프가니스탄에서 사역한 20년 동안 피땀으로 맺은 열매들이다.

    이야기의 진짜 주인공은 권용준 선교사다. 권용준 선교사를 통해 하나님을 만나 변화되고 있는 아프가니스탄 난민과 아프가니스탄 현지의 가정교회와 가정교회 지도자들의 이야기다. 지금 인도네시아에서 일어나고 있는 아프가니스탄 난민들 속에 역사하고 계신 하나님의 이야기다. 이야기를 처음 접한 것은 3년 전이지만, 이 이야기가 시작된 것은 20년도 훨씬 더 되었다.

나는 운 좋게 막 열매를 거두고 있는 사역 현장을 경험하고 있다. 다른 사람들이 보기 전, 내가 이 엄청난 이야기를 먼저 보았다는 것은 큰 행운이다. 선교사님께 글쓰기를 권고했지만 세상에 자신의 이야기를 건네는 것을 꺼리는 그의 성격 때문에 내가 이 글을 쓰고 있다. 극히 일부를 보고 듣고 경험한 이야기지만, 세상에 알려 함께 기도하길 간절히 원하기에 글을 쓰기 시작했다.

출판이 될 수 있을까?
요즘같이 출판이 어려운 시대에 무명인 사람의 글이 출판될 확률을 먼저 따져 보았다. 일단 글이라도 써 놓고 출판사에 사정이라도 해 볼 요량으로 글을 쓰기 시작했다.

나는 이 글을 쓰는 것이 과연 마땅한지 여러 차례 고민했다. 이 이야기는 권용준 선교사가 써야 맞다. 하지만 하나님은 나에게 글을 쓰도록 하셨다. 아니, 한번 써 보고 싶은 욕심이 생겼다. 내가 경험한 큰 축복의 증거를 내 손으로 남겨 놓고 싶었기 때문이다. 이런 열망은 앞으로 이 사역에 할 수만 있으면 최선을 다하겠다는 다짐이기도 하다. 무엇보다 글로 써 놔야 딴소리를 안 할 것 같았다. 아울러 무책임하게 흐지부지되는 것을 방지하려는 마음에서 글을 쓰기 시작했다. 그렇게 2년을 망설이다가 이 글을 쓰기 시작한 시점이 너무나도 신묘막측한 하나님의 경륜과 섭리임을 깨닫게 됐다.
다만, 아프가니스탄과 인도네시아에서 일어나고 있는 놀라운 일들을 글로 쓰면서 나의 글쓰기가 얼마나 조악하며 살아 역사하시는 하나님의 생생함을 전하기에 불필요한 글인지 스스로 알기에 너무 괴롭다. 그래서 혹 지금

이 글을 읽고 계시다면 한 가지 전제를 분명히 하고 글을 읽어 나가길 권고해 드린다.

지금 인도네시아에서 일어나고 있는 일들은 글로 설명한 것 이상의 일들이다. 입이 다물어지지 않는 일들이다. 보고도 믿을 수 없는 일이며 소설과 같은 일들이다. 나의 글 표현과 한계로 생생하게 전하지 못함이 아쉬울 뿐이다. 이런 한계를 어떻게 독자들에게 되갚아 주어야 할 것인가에 대해서는 일단 나중에 생각해 보기로 했다.

이 글을 읽는 독자들은 글을 통해 무엇을 상상해도 상상 그 이상의 일들과 은혜가 현지 사역을 통해 증거되고 있다는 것을 알아야 한다. 실제로 그 현장 속에 있는 분들에겐 이렇게밖에 글로 표현하지 못함이 죄송스러울 따름이다.

아무쪼록 아프가니스탄 사태 이후 하나님이 하시는 역사가 세상에 널리 알려져 하나님이 행하시는 놀라운 일을 함께 나누고 싶다. 하나님은 언제나 옳으시다. 우리가 앞서가고 우리가 뒤쳐져 있을 뿐이다. 하나님은 하나님의 시간에 하나님의 방법으로 하나님의 선하심과 은혜를 보여 주신다.

나는 이 글을 통해 우리에게 잊혀지고 있는 아프가니스탄 형제자매들을 소개하고 함께 기도하기를 소망한다. 하나님이 결코 포기하지 않으신 그 땅에서 일어나고 있는 기적과 같은 역사들을 숨겨야 할 이유가 없다. 비록 글을 잘 쓰지는 못하지만 투박한 문장이라도, 논리적이지 못한 글의 전개와 흐름이라도 본 대로, 사실대로, 기록하는 것이 저들의 역사를 위해서도 필요하다고 느꼈다.

이 글을 쓰면서 현지의 상황으로 인해 익명으로 소개한 형제자매들이 있다. "죽으면 죽으리이다"(에 4:16)라는 각오로 자신들의 이름을 밝히고 당당하게 자신들을 소개해 달라고 부탁한 이들도 있었다. 익명으로 해야 하는 형제자매들의 신앙이 어리고 미숙해서가 아니다.

익명으로 소개해야 하는 이들의 주변엔 아직 우리가 보호하고 기도해 주어야 할 가족과 영혼들이 있다. 이런 이유로, 불가분 그들의 이름을 익명으로 소개할 수밖에 없음을 이해해 주길 바란다. 지금 이 글엔 익명이지만 하나님 나라의 생명책엔 너무나도 분명하고 또렷이 그 이름들이 기록된 형제자매들이다.

선교사님과 아프가니스탄 형제자매들, 함께 신학수업을 한 신학생들, 안수를 받은 두 분의 동역자 목사님들, 교수님들 그리고 지금도 난민들을 위해 세계 도처에서 수고하는 모든 선교사님께 이 책을 헌정하고 싶다.

지금 인도네시아에서 일어나고 있는 일은 현재 진행형이며 앞으로 몰아닥칠 큰 파도에 비하면 극히 일부분이다. 서막에 불과하다. 난 그저 서막의 커튼을 여는 역활하고 있다. 그 커튼 뒤에 있는 주인공들을 소개하는 일이 기쁘고 즐겁다. 부디 지금 무대 위에 서 있는 주인공들이 잘 소개될 수 있기를 기도한다.

# 씨를 뿌리는 다양한 방법

## 1. 왜 하필 나야?

"박종순 목사님, 인도네시아 신학교에 가서 강의 좀 합시다."

선배 목사님께서 인도네시아 사역을 소개하셨다. 내가 공부하고 있는 게이트웨이신학교(구 골든게이트신학교, 이하 게이트웨이) 목회학 박사 과정의 멘토 목사님께서 인도네시아에 아프가니스탄 난민 2만 5천 명가량이 이주하였다고 설명해 주셨다. 그곳에서 게이트웨이의 특별 신학 과정인 CLD(Contextualize Leadership Development, 이하 CLD) 과정이 시작되었다고 했다. CLD는 선교지를 위한 신학 과정이다.

이 특별한 신학교의 강의를 부탁하신 것이다. 이 과정은 게이트웨가 심혈을 기울여 특별 과정으로 허가한 신학수업이다.

선교지라는 특수한 상황 속에 있는 현지 선교사님들과 교회를 위해 신학 과정을 허락하고 이 과정을 마친 현지 지도자들을 목회자로 안수할 수 있는 과정이다. 선교지에 특화된 목회자 양성 과정으로 미국 신학교 정식 수료증이 허가된다. 이 과정을 통해 선교지에서 훌륭하게 목회를 감당하는 현지 사역자가 많다. 게이트웨이에서 아주 자랑스러워 하는 과정이기도 하다. 하지만 이런 의문을 가질 수밖에 없었다.

인도네시아에 아프가니스탄 신학교라니?

도무지 그림이 그려지지 않았다. 상식적으로 생각해도 언뜻 떠오르는 정보가 없었다. 인도네시아에서 인도네시아인을 위한 신학교라든지, 인도네시아에 있는 한인을 대상으로 한 특별 과정이라고 했다면 이해가 되었을 것이다. 아무리 생각해도 인도네시아에서 아프가니스탄 형제자매들을 위한 신학 과정을 개설한다는 것은 도무지 이해되지 않았다.

만약 한국에서 에스키모인들을 위한 신학 과정을 개설한다면 그림이 쉽게 그려지는가?

나에게는 이런 느낌이었다. 나는 일단 그림이 그려져야 반응하는 사람이다. 그런 반응이 있어야 움직여진다. 그렇게 마음이 움직여져야 관심을 갖고 반응하는 사람이다. 하지만 전혀 그림이 그려지지 않았다.

얄팍한 지식을 적용해 봤을 때, 아프가니스탄과 인도네시아는 도무지 어떤 그림도 그려지지 않는 지리학적 위치를 가지고 있다. 인도네시아는 적도에서도 남반부에 위치한 나라다. 한국도 이젠 동남아 여러 나라와 활발하게 교류가 이루어지고 있다. 베트남을 중심으로 인도차이나반도의 국가들 간에 활발한 교류가 일어나고 있다. 많은 교회와 선교사님도 활발히 사역하고 계신다.

섬나라 필리핀도 매우 익숙하고 친숙한 나라다. 하지만 동남아 국가 중 인도네시아는 비교적 먼 거리에 속한 나라다. 비행 시간도 다른 동남아 국가들보다 오래 걸린다. 다만 발리(인도네시아의 대표적인 휴양지)라는 관광지가 잘 알려져 있지만 발리로 출국하는 한국인들은 자카르타를 경유하기보다 직접 발리로 출국하기에 인도네시아 본토를 거치지 않는 경우가 대부분이다.

이슬람 국가인 인도네시아에 아프가니스탄 난민들이 개종하여 신학교에 입학했다는 사실이 도무지 그려지지 않았다. 어느 정도 그림이 그려져야 호기심도 생기는 법이다.

최소한의 정보가 있어야 기도가 되는 것이 아닌가?

도무지 그림이 그려지지 않는 일에는 호기심조차 생기지 않는 법이다. 지렁이가 매니큐어에 관심이 없는 것과 같다고나 할까?

2021년 8월 여름에는 모든 뉴스에서 속보로 보도되었다. 코로나 사태로 인해 각 방송국의 모든 촉각이 곤두세워져 있는 시점이기도 했다. 그 속보의 내용은 이랬다.

> 아프가니스탄에 주둔하고 있는 모든 미군이 그해 8월 말까지 전원 철수한다.

뉴스마다 국제 정세를 분석하느라 난리법석이었다. 미국에서는 이런 결정이 이렇게 속전속결로 확정된 것에 대한 부정적인 여론이 심각하게 일어났다. 실질적으로 미국은 테러와의 전쟁에서 어떤 명분과 실리, 국제적인 해결책도 제시하거나 얻은 것이 없다. 오히려 이라크 전쟁, 아프가니스탄 전쟁에 휘말려 수많은 재정과 젊은 군인이 희생당했다.

2001년, 샌프란시스코에 학회가 있어 참여하기 위해 골든게이트 브릿지가 보이는 샌프란시스코 외각의 한 호텔에서 준비를 하고 있었다. 그때 뉴스에서 미국의 무역센터에 비행기가 충돌한 속보가 전해졌다. 그 후 몇 분 후 또 다른 비행기 한 대가 나머지 한쪽 무역센터 건물에 충돌하는 장면이 생방송으로 전해졌다.

골든게이트 브릿지가 테러 위협으로 폐쇄되었고 학회는 중단되었다. 소위 9.11이라고 불리는 세계무역센터 테러는 미국 내에 엄청난 충격을 주었다. 미국 본토에서도 전쟁이 치러질 수 있는 가능성이 제기되었다. 미국 국내 여론이 대대적인 보복을 예고했고, 한 달 뒤엔 탈레반의 근거지로 알려진 아프가니스탄을 향해 미군이 대대적인 작전을 개시했다.
이렇게 미국은 아프가니스탄에 군대를 주둔하게 되었고, 근 20년간 아프가니스탄의 재건과 친미국 성향의 정부를 구성하려는 노력을 해 왔다. 그러나 20년간 미국의 노력에도 불구하고 미국은 아프가니스탄에서 전격 철수를 결정했다. 그간 국내외적으로 아프가니스탄에 미군이 계속해서 주둔해야 하는지에 대한 많은 반론이 있었다. 미국 내에서도 막대한 예산이 투입되는 아프가니스탄 주둔에 반대하기 시작했다.

대대적인 미국의 복수로 시작된 미국의 중동 지역 국가에 대한 주둔이었지만, 오사마 빈 라덴이 제거된 것 말고는 딱히 중동과의 정치적인 상황이 개선되는 것처럼 보이지 않았다. 결국, 코로나로 인한 미국의 경제적인 상황 악화와 지난 20년간 아프가니스탄에 주둔하면서 더 이상 얻을 것이 없다고 판단한 미국 정부가 무책임하게 전격적인 미군 철수를 결정한 것이다. 지나온 세월에 비해 철수는 너무나도 허무하게 결정되었고, 그 책임도 다하지 못했다.

 대체적으로 아프가니스탄 철군에 대한 미국의 여론은 긍정적이었다. 20년이 넘는 전쟁은 피로감을 가져왔다. 실직적으로 얻는 이득이 없었다. 그럼에도 막상 철수가 시작되자 미국 여론은 들끓기 시작했다. 도무지 이해되지 않는 방법으로 철군이 시작되었기 때문이다. 특히, 미군의 마지막 철수를 도왔던 비행기에 아프가니스탄 젊은이들이 바퀴에라도 매달려 아프가니스탄을 탈출하려고 시도하다 추락하는 장면이 생중계되면서 여론은 최악으로 치달았다.

 미국 뉴스는 일제히 비행기 바퀴에서 떨어지는 난민들의 모습을 연일 보도했다. 무책임한 미국 정부를 맹비난했다. 이미 아프가니스탄 사태로 인해 난민들이 발생했던 상황에서 미군 철수로 인해 야기될 문제가 무엇일지 짐작되었다.

 미군이 철수한 지 얼마되지 않아 결국엔 탈레반 정부가 아프가니스탄을 점령했다. 일말의 책임을 느낀 미국은 난민 캠프를 열어 아프가니스탄 난민을 수용하기로 결정했다.

 이런 당시의 상황이 생생하게 생각나는 이유는, 코로나로 인해 집에만 있었던 상황에서 모든 언론이 난민 문제를 속보로 다루었기 때문이다. 그렇게 미국 내 난민 센터가 세워졌지만 일반인들이 접근할 수 없는 시설로 지정되어 있다. 게다가 난민들 중에 탈레반이 섞여 들어왔을 것이라고 판단하기에 신분 조회를 철저히 거쳐야만 정식 난민 비자를 받을 수 있게 되었다.

 한동안 들끓던 미국 여론도 시간이 지나면서 잠잠해졌다. 내 뇌리 속에도 강하게 각인되었던 끔찍한 뉴스였지만 시간이 지나면서 점점 잊혀졌다. 나 역시도 아프가니스탄 철군 사태가 일어났을 때와 지금은 너무나도 다른 관심도와 반응을 보였다. 그렇게 내 뇌리 속에서도 어느덧 아프가니스탄과 난민들은 점점 사라지고 있었다.

이때쯤, 멘토 목사님께서 아프가니스탄 난민들을 위한 신학교가 인도네시아에서 이미 시작되었다는 소식을 전해 주셨다. 그리고 나에게 신학교를 위해 교회사 강의를 해 달라고 부탁하셨다. 이때 나의 첫 반응은 이랬다.

'왜 또 나야!'

나는 인도네시아나 신학교에 대해서 기도해 본 적도 없다. 그곳을 향한 하나님의 부르심과 하나님의 인도하심을 생각해 본 적도 없다. 난민들을 목회 비전에 포함시킨 적은 단 한 번도 없었다. 더군다나 코로나 기간이었기에 무엇인가 새로운 사역을 시작하고 도전한다는 것도 쉽지 않은 상황이었다. 선교지라면 적지 않는 노력과 재정적인 도움도 필요로 하기에 현실적으로 지금은 사역을 줄여 나가야 하는 것이 상식적인 상황이었다. 이 상황에서 인도네시아까지는 무리였다.

'왜 또 나야!'

이것이 아프가니스탄 난민 이야기를 듣자 내 머릿속에 들었던 첫 번째 생각이었다. 지금도 그렇지만 그땐 지금 목회하고 있는 이민교회를 감당하는 것도 쉽지 않았다. 그러니 코로나 시대에 비행기를 타고 해외, 그것도 인도네시아에 간다는 것은 더더욱 내키지 않았다. 아프가니스탄도, 인도네시아도 나의 인생에서 어떤 접점과 인연도 찾아보기 어려운 나라였다.

멘토 목사님의 요청을 듣고 그래도 하나님의 인도하심을 구하며 아프가니스탄에 대한 나의 모든 기억과 접점을 생각해 보았다. 아무리 머리를 쥐어짜도 내 기억 속에 아프가니스탄은 샘물교회 사태가 발생했을 때 함께 기도한 기억밖에 남아있는 것이 없었다.

샘물교회 아프가니스탄 단기 선교 사태로 온 교회가 욕을 먹고 있을 때 함께 중보 기도하며 하나님의 은혜를 구했던 것이 내게 남아 있는 유일한 아프가니스탄에 대한 기억이었다.

또 하나를 애써 생각해 본다면, 얼마 전 나이키 할인매장에 들러 철 지난 샘플 조깅화를 세일 가격으로 득템했다. 그것은 코로나 시대여서 아직 포장도 뜯지 않은 메이드인 인도네시아 신발이었다.

이 정도가 나와 인도네시아와의 연관성 전부였다. 그 흔한 발리 여행도 해 보지 못했다. 남가주 지역에는 다양한 민족이 이주하여 공동체를 이루며 살아간다. 정말 다양한 인종과 다양한 사람을 만난다. 다양한 국적의 사람을 남가주에서 만나 보았다. 하지만 내 주변에서 인도네시아 사람들과 함께하는 공동체를 만나는 것은 쉽지 않다.

우리 교회 성도님들 가운데도 사업 때문에 동남아 국가들과 교류하는 분들이 있다. 하지만 인도네시아는 지리적, 문화적인 이해도가 아직은 낮아 활발한 교류가 일어나지 않고 있다. 남가주에서 다양한 나라의 음식을 접할 수 있는데, 인도네시안 식당을 가 본 기억이 전혀 없다. 그러니 내 반응은 정당하고 옳았다.

'왜 나야!'

## 2. 내 이럴 줄 알았다

　인도네시아로 가는 것이 결정되었다. 마지못한 결정이었다. 할 수만 있으면 미루고 미루다 취소하고 싶은 마음이었다. 사실 나는 마지막까지 강의를 하겠다는 결정을 내리지 못했다. 미루고 미루다가 답을 해야 할 마지막 날이 되었다. 그날 내게 돌아온 대답은 이랬다.
　"너 외에는 다른 대안이 없다."
　결국엔 막바지가 되어서야 나는 마지못해 강의 수락을 했다.
　자원자가 없는 건 너무 뻔한 결과 아닐까?
　누가 봐도 힘들고 어려운 시간임이 예상되기 때문이다. 말이 좋아 대학원 강의지, 이것은 강제적인 노동 착취와 같은 것이다.
　미국에서 인도네시아까지의 여정은 절대 쉽지 않다. 그러나 내가 가야 필수 과목을 마칠 수 있고, 학생들의 졸업이 가능하단다. 내가 가지 않으면 졸업이 안 된다고 하니 부담이 점점 커졌다. 그러다 보니 할 수 없이 승락하고 말았다. 그렇게 결정하고 난 후의 내 첫 반응은 이랬다.
　'결국, 이렇게 될 줄 알았다.'

　선천적으로 거절을 잘 못하는 성격이어서 마지못해 수락하고 말았다. 코로나 기간 중에 '무엇이라도 해야지' 하는 마음이 들었다. 교회 개척으로 중단했던 박사 과정이 생각났다. 교단 신학교에서 목회학 박사 과정이라도 해 보자고 했던 것이 끝내 발목을 잡았다. 왜 내가 박사 과정을 시작했는지 후회되었지만 거절하지 못한 내가 늘 문제다.
　애꿎은 아내에게만 인도네시아에 가야 한다며 준비를 해 달라고 퉁명스럽게 대했다. 아내도 코로나 기간 중이었기에 해외 여행에 대해서 조심스러웠다. 성도들도 인도네시아 사역을 반기지 않는 분위기였다.

　인도네시아에 가려면 우선 코로나 검사를 해야 했다. 출국 2일 전에 결과가 나와야 하는 PCR 검사를 해야 한다. 여행을 목적으로 하는 코로나 검사는 보험 적용도 되지 않았다. 보험이 적용되지 않는다는 것은 꽤 비싼 병원비를 지불해야 한다는 것을 의미한다. 많은 분이 알고 계시듯이 미국의 의료 비용은 서비스질에 비해 청구 금액이 과도한 부분이 있다. 진료비 청구서를 보면 기절할 정도다. 이렇게 소비되는 물질도 아까웠다. 이런 비용을 지불하고 싶지 않은 것이 솔직한 심정이었다.
　이틀 만에 검사 결과가 나오는 PCR 검사를 하려면 꽤 멀리 떨어진 1차 종합병원으로 가야 하는 귀찮음이 있었다. 전화 예약도 쉽지 않아 오랜 시간 통화한 끝에 겨우 예약을 잡을 수 있었다. 검사를 받는 과정도 참 번거롭고 귀찮았다.

　인도네시아 입국 비자도 받아야 한다. 일주일간 기독교 역사를 가르쳐야 한다. 기어코 교회사 강의를 위한 준비도 해야 한다. 생각만 해도 귀찮고 힘든 일이다. **한국 입국을 위한 케이타도** 신청해야 하고 여권도 갱신해야 한다. 하필 여권도 만료일이 되어 가고 있었다.
　코로나로 모든 관공서가 문을 닫았다. 미국의 행정은 엉망인 것으로 악명이 높다. 코로나 기간 동안 미국 여권을 갱신해 본 분들은 이 말이 무엇인지 이해할 것이다. 자동응답기만 돌아갈 뿐 메시지를 남겨 놓아도 반응이 없다.

인도네시아 대사관이 제공하는 애플리케이션도 휴대폰에 깔아야 하고 필요한 큐알코드도 다운로드 받아 놓아야 한다. 각 나라마다 필요한 서류와 앱이 달라서 업로드를 해도 시간이 많이 걸린다. 가장 신경 쓰이는 것은 출국하는 마지막 날까지 코로나에 감염되지 않도록 하는 것이었다. 이를 위해 출국 전 마지막 일주일은 집 밖 출입을 삼가했다.

이왕 강의를 가기로 마음먹었으니 무사히 사역을 마치고 와야 한다. 조심하고 또 조심하는 방법밖에 없다. 이런 것은 하나하나 사소한 것들이지만 한 가지라도 소홀히 할 수 없다. 소홀히 다루어 하나라도 문제가 생기면 해외 여행 자체가 힘든 시기였기 때문이다.

인도네시아에 가기 위해 한국을 경유하는 비행기 티켓을 구매하고 최종 기착지인 자카르타를 향해 출국했다. 목회자들에게 있어 주일 저녁에 비행기를 타는 것은 참 피곤한 일이다. 주일 사역을 마치고 공항으로 서둘러 가야 하기 때문이다. LA 국제공항은 주말 트래픽이 상상을 초월한다. 전 세계로 가는 비행기가 비슷한 시간에 출발하기 때문이다.

통상적으로 주일예배 이후 한국행 비행기는 밤에 출발한다. 미국과 한국의 16시간 시차를 극복하고 한국에 도착하면 새벽 4시쯤 당도하는 게 통상적이다. 그날 비행기는 3시 20분에 도착했다. 코로나로 인해 거의 좌석이 비어 있어 이미그레이션도 수월하게 통과했다. 8월 말이었는데 한국은 그날 최고의 더위와 최고의 습도를 기록하고 있었다.

코로나로 인해 환승하는 승객들은 출입국장에서의 입국이 금지되고 곧바로 환승 게이트로 이동해야 했다. 인도네시아행 비행기는 오후 3시 20분 출발이었다. 앞으로 12시간가량 공항에서 대기해야 한다.

12시간의 대기 시간이 있었지만 세계 최대 항공사 중 하나인 A사의 라운지를 이용하면 충분히 시간을 잘 활용할 수 있으리라는 계산으로 환승 장게이트로 이동했다. 하지만 코로나로 인해 라운지는 폐쇄되었고 공항의 어떤 편의 시설도 이용할 수 없었다. 심지어 공항엔 에어컨도 가동되지 않아 새벽인데도 습하고 무더워 견디기 어려웠다. 인천공항은 새벽 시간에 에어컨이 가동되지 않는다는 것을 그때 처음 알았다. 온몸이 끈적거렸다.

한국도 이 정도인데 인도네시아는 어떨까?

상상하는 것만으로도 힘겨움이 밀려왔다. 환승객들을 위해 오픈해 놓은 일반 라운지를 찾아가 보니 이미 인도와 파키스탄 사람들로 보여지는 한 무리가 자리를 차지하고 있다. 누군가 카레를 먹은 듯했다. '이 새벽에 카레라니 대단하다'와 '진절머리가 난다'는 생각이 교차했다. 그러면서 '공공장소에서 이렇게나 무례하다니' 하는 생각이 들었다.

단순한 오해가 아니라 선입견이 확인이 되는 순간엔 늘 만감이 교차된다. 아직 접해 보지 못한 인도네시아는 어떤 느낌일지 설레는 마음보다 걱정스러움이 앞섰다.

한국 사람이 먹는 김치 냄새도 이럴까?

한국 사람에겐 어떤 선입견이 있을까?

13시간 동안 비행기를 타고 입국해서 땀으로 범벅이 된 내게도 혹 이런 냄새가 풍긴다거나 진절머리 나는 모습으로 보여지는 건 아닐지 걱정스러웠다.

'샤워를 하고 싶다. 간절하게….'

샤워만이라도 할 수 있기를 간절히 바라는 순간, 문득 스쳐 지나간 생각이다.
'내 이럴 줄 알았다.'

내 입에서 냉소적인 이 한마디가 튀어나왔다. 내게는 출발하는 시간부터 감사보다는 냉소적인 반응이 많았다. 나는 사실 냉소적인 사람은 아닌데 인도네시아로 가는 발걸음이 무겁기만 했다. 코로나 기간 동안 몸과 마음도 냉소적으로 변한 것인지, 좀처럼 마음에 여유로움을 가질 수 없었다. 마음의 고요함이 필요했다. 속사람이 시끄러워 평안과 안정이 필요했다.

나는 강의보다 더 중요한 것이 있음을 잊고 있었다. 그것은 하나님의 인도하심에 순종하는 것처럼 보이는 외적인 행동이 아니다. 그것은 하나님과 영혼들을 위한 내적인 태도에 관한 절대적인 순종이다.

나는 후에 사소한 것에 불평하는 것과 냉소적인 반응이 나오는 이유를 알게 되었다. 그것은 환경 문제 이면에 있었던 내 영혼의 그늘진 영역, 즉 영적 교만의 문제였다. 이 깨달음은 이번 선교 여행에서 내가 얻은 최고의 은혜와 축복이었다. 선교는 내 영혼의 내면을 보게 한다. 꽁꽁 감추어 숨겨 두었던 내면의 최악과 교만까지 벗겨 하나님 앞에 서게 한다.

억지로라도 순종했던 나의 삶에 하나님이 빛을 비추셨다. 내 안에 불평과 불만이 터져 나와야 그 문제들이 해결될 수 있었다. 선한 것과 신앙적 우월감으로 감추어 두었던 나의 추악함이 여과 없이 생생하게 드러나기엔 이 만한 방법이 없음을 하나님이 아신 것이다.

귀찮이즘과 투털이즘이 강력하게 밀려오며 온갖 짜증이 몰려왔다. A사 항공 직원을 붙들고 내가 가지고 있는 항공사 등급을 들먹이며 앞으로 타사 항공으로 갈아타겠다며 온갖 협박을 다해 보았지만 굳게 닫힌 VIP 라운지는 열리지 않았다. 결국엔 보딩 게이트 앞에 한 자리를 차지하고 노숙자 같은 모습으로 12시간을 기다려야 했다.
'내 이럴 줄 알았다.'

온갖 짜증이 밀려왔다. 불평과 함께하는 시간은 참 지루하고 어려웠다. 왜 이렇게 더운지, 습도는 왜 이렇게 높은지…. 인내심이 한계에 다다랐을 아침 8시가 되자 비로소 공항 에어컨이 가동되기 시작했다. 에어컨이 가동되니 그때서야 인천 공항이 정말 세상에서 가장 멋진 공항임을 알았다.
환승 게이트에 식당도 폐쇄되어 편의점에서 구입한 빵과 물로 겨우 허기만 면하고 드디어 인도네시아행 비행기를 탔다. 앞으로 8시간만 가면 된다는 최면을 걸었다. 하지만 나는 또 같은 말을 연신 내뱉었다.
"내 이럴 줄 알았다!"

21세기에 대한민국을 대표하는 A항공사에서 미주 노선과는 완전히 격과 질이 다른 비행기를 배정해 줬다. 에어컨이 작동되지 않아 땀이 비 오듯 흘렀다. 승무원들이 손님들을 찾아다니며 죄송하다고 연신 말하며 허리를 굽혔다. 승무원들도 이미 땀으로 흠뻑 젖어 있었다.

모든 승객은 무엇이든 손에 들고 부채질을 해 가며 비행기가 이륙하기만 기다렸다. 정말 최악의 경험이었다. 그나마 미주 노선이 얼마나 좋은 것인지 새삼 깨달았다는 것이 최고의 수확이었다. 불평한다고 이 상황이 개선되지는 않겠지만 감사로 하나님께 나가는 것이 쉽지 않았다.

미주 노선 비행기만 타다가 막상 이런 상황을 마주하니 기가 막힐 노릇이었다. 오후 2시 30분 보딩을 시작으로 비행기에 몸을 실었지만 비행기는 찜질방처럼 달궈져 있었다. 비행기가 낡고 오래된 기종이어서 비행을 시작해야만 최대 출력이 된다. 최대 출력이 되어야 에어컨이 정상적으로 가동된다고 한다. 21세기에 어찌 이런 일이 일어날 수 있는지 도무지 이해되지 않았다.

'내 이럴 줄 알았다.'

하나님께 피해 의식이 있는 사람처럼 조금만 불편한 상황이 생기면 난 늘 이렇게 불평과 불만을 표현하고 말았다. 여전히 어린아이 같은 불평과 불만이 터져 나왔다. 불평과 불만이 사라지기는커녕 오히려 점점 더 커져 가는 것을 느낀다. 이런 내 모습을 발견하고는 하나님께 계속 물었다.

목사가 되고, 선교 사역을 감당하고, 신학교 강의도 하고, 교회 개척을 하고, 어렵다는 이민교회 사역을 하면 어떤 유혹과 어려움에도 불평하지 않고 이기고 승리해야 하는 것이 아닐까?
나는 진짜 하나님의 부르심을 받아 선교 사역을 계속해야 하는 것일까?
내 신앙이 잘못된 것인가?

나는 인도네시아로 가는 비행기에서 또다시 깨달았다. 이 모든 사역이 하나님의 은혜와 축복만으로 될 수 있음을 알게 하시기 위해 나를 하나님의 전적 은혜에 단단하게 매어 놓으시려는 하나님의 은혜라는 것을 말이다. 이렇게 깨달았지만 앞으로도 나의 불평과 불만은 계속될 것이다. 그래도 조금은 나아지기는 하겠지, 기대한다.

　나에게 끝없는 불평과 유혹이 없었다면, 악한 본성으로 나는 이 일을 당연히 해야 할 사람으로 결론을 내렸을 것이다. 불평과 불만 없이 훌륭하게 순종했다면 나는 교만해졌을 것이다. 그랬다면 나는 아마도 불평하고 투덜거리는 것과는 비교할 수 없을 만큼 더 나빠졌을 것이다.

　성숙한 그리스도인은 머리로 계산하고 따져 물어 생기는 논리적인 이성의 산물이 아니다. 성숙은 나의 바닥을 보고 그 바닥에서부터 온몸이 부딪혀 새롭게 일어나려는 영적 감각의 발버둥이다. 선교지로 출발하지 않았다면 이런 부대낌도, 투덜거림과 냉소주의도 발현되지 않았을 것이다. 성숙은 가장 우발적인 마주침을 통해서만 나타나는 나의 본성을 오직 은혜로 바꾸어 가고자 하는 영적 각성이다.

　7시간을 날아 인도네시아 자카르타 공항에 도착했다. 7시간 동안 영적 부딪힘이 있었다. 인도네시아 공항에 도착했다는 안도감이 밀려왔다.

　코로나 사태로 공항은 한가했다. 새롭게 신축한 공항은 규모도 크고 국제 공항의 면모를 잘 갖추고 있었다. 코로나로 인해 입국하는 승객 수가 적었지만 직원들 역시 소수만 일하고 있었다.

　미리 만들어 온 큐알코드와 PCR 결과지 등 필요한 서류를 제출했다. 이런 상황에서는 30분이면 충분히 이미그레이션을 통과할 수 있을 것 같았다. 하지만 1차 서류를 검토하고 비자를 주는 데 2시간이 소요되었다.

　'내 이럴 줄 알았다. 진짜!'

　이런 후진국이 있나?

공항은 엄청 크게 지어 놨는데 아직도 후진적인 저 태도, 불손한 이미그레이션, 세월아! 세월아! 도무지 줄어들지 않는 기다림. 이미 미국에서 출발하여 이틀이 지난 시간이라 수면 부족에 배고픔, 낯선 환경이 주는 긴장감에 끝까지 지치게 하는 입국 인터뷰…. 모든 것이 최악이다. 예상했던 수속 시간이 이미 지나갔다. 30분이면 충분할 일로 2시간을 소요하다니….

'내 이럴 줄 알았다.'

끝임없이 불평과 불만이 터져 나왔다.

'진짜 오기 싫다고 했는데. 하나님, 내가 이럴 것이라고 했잖아요. 정말이지 내 이럴 줄 알았다고요!'

결과적으로 자정을 넘긴 시간에서야 인도네시아에 입국할 수 있었다. 짐을 찾아 출국장으로 이동하는 데도 많은 시간이 소요되었다.

선교사님이 계신 신학교 숙소에 도착한 시간은 수요일 새벽이었다. 강의를 시작하기도 전에 온몸의 모든 에너지가 빠져나가 버렸다. 그렇게 2022년 8월의 무더운 여름, 인도네시아에 도착했다. 미국에서 출발해서 인도네시아 목적지까지 꼬박 2박 3일이 걸린 것이다.

이때 나는 발견했다. 이 선교가 나에게 주는 영적 의미를 말이다. 선교지까지 가는 여정이 주는 축복은 '발견'이다. 내가 기대하던 것이 아닌, 기대하지도 않았던 다른 인생을 발견하는 것. 이것이 바로 선교 일정이 주는 축복이다. 내 안의 이기심과 교묘히 숨어있던 내 자아가 발견되는 것이 선교가 주는 축복이다. 선교가 주는 가장 큰 축복은 이런 환경이 아니면 절대로 나타나지 않을 나의 숨겨진 본연의 모습을 날것으로 마주하는 경험이다.

나에게 있어 이것을 드러내는 것은 참 부끄럽고 아픈 일이다. 하지만 이것도 이번 선교 사역에 동참하지 않았다면 평생 발견할 수 없었던 나의 뿌리 깊은 죄의 속성이다. 이번 기회가 아니었다면 절대 살펴볼 기회가 없었을 것이다.

선교가 주는 축복은 발견이다. 그러므로 선교는 여전한 나의 옛 자아와 연약함에도 나를 사용하시는 하나님의 은혜를 발견하는 여정이다. 나의 연약함보다 더 크신 하나님의 은혜를 발견하는 기쁨이 곧 가장 큰 축복이다. 이번 여정을 통해 가장 깊게 깨달을 것은 이 한마디 안에 다 들어 있다.

"내가 이럴 줄 알았어!"

편안함과 안락함만 추구하던 나에게 가장 가까이 존재했던 이 말. 이 속에 교묘히 숨어 있던 나의 본심을 발견한 것이다.

## 3. 강의가 시작되다

강의는 도착한 날 바로 시작되었다. 강의 일정은 하루 온종일 잡혀 있었다. 일주일 동안 2학기 강의를 마쳐야 하기에 강의 스케줄은 빡빡했다. 도착과 함께 시작하여 강의를 마치면 출국해야 하는 일정이었다.

아침 9시부터 오후 5시 30분까지 하루 온종일 강의를 해야 했다. 도대체 여기가 어디인지도 모른 채 대충 샤워를 하고 시체처럼 쓰러졌다. 피곤이 몰려왔다. 하지만 그렇게 피곤한 몸인데도 새벽녘에 깼다.

새벽에 울려 대는 아잔(무슬림들의 새벽 기도로 확성기를 통해 전 마을에 들리도록 한 것) 소리에 한숨도 자지 못했다. 새벽 3시 30분이면 처음 아잔이 확성기를 통해 흘러나왔다. 30분쯤 지나면 반대 방향에서 더 가까이 아잔이 흘러나왔다. 30분쯤 더 지나자 더욱 가까운 곳에서 더더욱 큰소리로 아잔이 흘러나왔다. 그러니 도무지 잠을 이룰 수 없었다.

선교사님의 숙소와 교회가 있는 지역은 인도네시아에서도 강력한 무슬림 지역으로 알려진 곳이다. 특별히 이 지역은 종교 경찰들(아프가니스탄 난민들이 스스로 조직하여 난민 캠프를 감시하도록 한 자치 경찰)이 수시로 정찰을 한다. 아잔이 흘러나오는데도 무슬림 사원의 기도에 참여하지 않으면 신고가 접수된다. 아잔 소리에 놀랐다가 아잔 소리가 귀에 맴도는 것을 이기지 못하면 영적으로 눌려 버릴 수밖에 없는 극한 환경을 경험했다. 이것이 잠에서도 깨어 있어야 하는 이유다.

결국엔 한시도 잠을 이루지 못하고 일어났다. 마음을 다잡고 기도와 큐티를 하고 강의노트를 다시 한번 정리했다. 도대체 이곳이 어디인지도 모른 채 말이다. 하지만 드디어 강의 첫날이 밝았다.

첫날 강의를 위해 하나님께 간절히 기도했다. 앞으로 나에게 무슨 일이 닥쳐올지 몰라 다소 불안하고 조금은 도전이 되었다.

아잔 소리를 2시간 이상 들으니 머리가 아프기 시작했다. 귀도 멍멍했고 강의노트에 집중할 수 없었다. 이 또한 예상할 수 없었던 일이다. 7시가 되니 아잔 소리가 더 이상 들리지 않았다. 첫 강의를 해야 하는 날, 시작부터 불길하다. 그때 비로소 깨달았다.

'아! 내 마음은 아직도 인도네시아에 와 있지 않구나!

도대체, 지금 내 생각과 영혼은 어디에서 길을 잃은 걸까?'

내 영혼은 아직도 인도네시아에 도착하지 않았음을 알았다. 강의 시작전까지 생각과 영혼이 이곳에 도착하길 기도하며 하나님께 은혜를 구했다.
　마음의 시끄러움과 소란함은 얼마 지나지 않아 고요함을 되찾았다. 큐티의 가장 큰 축복은 소란함 속에서도 고요함과 평안을 누릴 수 있다는 것이다. 이렇듯 큐티의 힘은 강하다.

　아침 9시. 칠흑 같은 어둠을 뚫고 도착한 이곳이 어디인지도 모른 채 강의가 시작되었다. 이곳이 어디인지 알기 위해 동네를 한 바퀴 돌아보았지만, 히잡을 쓰고 학교에 가는 학생들의 오토바이 행렬만 끝없이 이어질 뿐 별다른 정보를 얻지 못했다. 그 흔한 커피숍도 찾을 수도 없다. 스타벅스 커피 한 잔이라도 마실 수 있다면 이 모든 혼란에서 벗어날 수 있을 것 같았다. 인도네시아도 커피로 유명하기에 카페인의 힘이라도 빌려야 강의를 잘할 수 있을 것 같았다.

　시차가 주는 몽롱함도 불안함을 증폭시키는 요인 중 하나였다. 미국과는 무려 18시간의 시차를 극복해야 하는 극한의 시간이 점점 다가오고 있었다.
　도대체, 강의는 잘 마칠 수 있을까?
　불안감이 다시 엄습했지만 하나님께 은혜를 구하고 또 구했다. 이렇게 마음을 다잡고 첫 강의를 시작했다.

## 1) 첫날 강의를 시작하다

　99명의 1기 신학생들은 이미 게이트웨이 CLD 신학 과목을 2년 전에 시작했다. 코로나로 인해 교수님들이 현지에 올 수 없어 졸업이 늦어지고 있었다. 이 과목만 마치면 내년 8월에 졸업이 가능하다. 반드시 강의를 잘 마쳐야 한다. CLD는 총 8개 과목을 필수 과목으로 하여 24 학점을 마치면 게이트웨이의 학위가 주어지는 특별 전형 신학 과정이다.
　내가 강의해야 하는 과목은 필수 과목으로 지정된 역사였다. 2천 년의 교회사를 일주일에 강의해야 한다. 신학교 수업 커리큘럼 시스템을 따른다면, 2학기에 걸쳐 진행해야 하는 분량이다. 적지 않은 내용을 단시간에 끝내야 하는 상황이었다.

　우선 게이트웨이의 CLD 과정을 이해하는 것이 필요할 것 같다. 이 과정은 매우 독특하고 은혜가 넘친다. 내가 목회자로 몸담고 있는 미국 남침례교단에는 6대 교단 신학교가 있다. 대부분의 신학교가 남동부에 위치해 있다. 샌프란시스코에 위치해 있던 골든게이트신학교가 LA 동부 온타리오라는 지역으로 이전하여 게이트웨이라는 이름으로 학교명을 바꾸었다. 서부 지역에 있는 미국 침례교단의 유일한 신학교다.
　게이트웨이는 내가 교회를 개척한 지역으로부터 10분 거리에 있다. 개척 3년 만에 신학교가 이전하면서 꿈에도 생각하지 못했던 신학교 사역이 시작되었다. 게이트웨이는 선교 필드에서 사역하는 선교사들과 교회가 현지 신학생들을 위해 신학교 과정을 요구하면 신학부 과정인 CLD 과정을 허락해 준다.

이 과정은 특별히 현지 사역자들과 선교사님들이 현지 지도자를 양성하고 양육하는 데 너무나도 큰 도움이 된다. 코로나 이후 온라인 수업은 현지 지도자들이 좀 더 쉽게 학교 수업에 접근할 수 있는 길을 열어 주었다. 이런 여정을 통해 아프가니스탄 학생들에게도 강의할 수 있게 된 것이다.

영어로 소통 가능한 학생이 없었기에 한국말로 강의를 하면 선교사님께서 아프가니스탄어로 통역하는 방법으로 강의가 진행되었다. 아프가니스탄어로 번역된 신학교 교재나 책이 없기에 강의록을 한 달 전에 보냈다. 일일이 선교사님이 아프가니스탄어로 번역하여 수업에 쓸 교재를 제작하셨다.

번역은 오역을 만들어 낸다. 오역이 다른 오역을 만들어 내면 전혀 다른 의미를 담은 내용이 된다. 이때 번역은 반역이 된다. 번역이 반역이라는 말은 아마도 이렇게 시작된 듯하다. 번역을 잘못하면 정확한 의미를 전달할 수 없다.

특별히 신학용어를 어떻게 전달하고 번역해야 할지 많은 고민이 있다. 선교사님도 신학적 용어를 아프가니스탄 현지 언어로 바꾸는 것이 쉽지 않았다고 고충을 토로하셨다. 그나마 다행인 것은 신학생 중에 언어적인 달란트가 있는 학생이 있어 번역 과정에서 페르시아어를 활용하여 풍성하게 단어를 번역했다고 한다. 번역이 반역이 될지 미지수였지만 영어 교재를 한국어로, 한국어가 다시 페르시안 언어와 아프가니스탄 언어로 번역되는 과정을 거쳤다. 이것도 새로운 경험이었다.

우리의 글이 있고, 우리의 글로 된 교재가 있다는 것은 축복이다. 세계 최고 설교자들의 설교를 한국어로 들을 수 있다는 것은 축복이다. 세계 최고의 신학교 커리큘럼과 교재를 가질 수 있다는 것은 엄청난 은혜다. 나는 신학교 수업에서 교재를 걱정해 본 적이 없다. 넘쳐나는 신학교 교재와 책, 주석서와 논문을 볼 때마다 이것이 얼마나 큰 축복인가를 다시 한번 깨닫게 되었다.

어쩌면 처음 시도해 보는 아프가니스탄 언어로의 번역 작업도 우리에게는 생소하고 낯선 경험이었다. 이런 경험 하나하나가 쌓이면 언젠가 큰 결과물을 만들어 낼 수 있지 않을까?

아프가니스탄 언어로 쓰여진 신학논문을 볼 수 있기를 기도한다. 아프가니스탄 신학교에 가장 필요한 것은 그들의 언어로 번역된 책이다. 아프가니스탄 형제자매들은 단 한 번도 자신들의 언어로 된 신학 서적을 접해 본 적이 없다. 번역된 내용을 복사기로 복사하여 책을 만들었다. 흡사 내가 대학을 다닐 때 성경 공부 교재를 만들거나 교회 교재를 만들었던 때가 생각났다.

책이라고 부르기엔 너무나도 조악한 이 복사물이 어쩌면 최초의 아프가니스탄 언어로 된 신학 강의 교재가 되는 것인가?

"시작은 미약해도 그 나중은 창대하리라"(욥 8:7)고 약속하신 하나님의 말씀을 의지한다.

제1부 씨를 뿌리는 다양한 방법  43

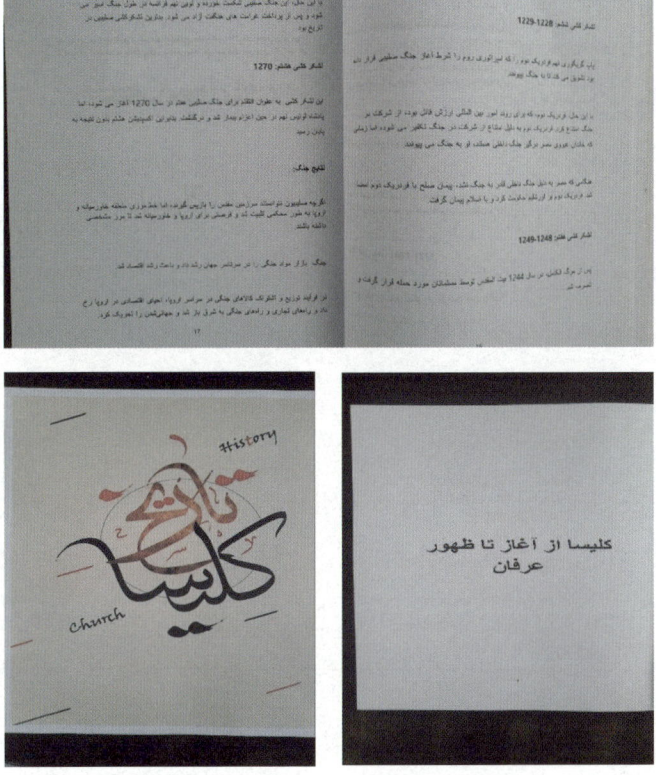

아프가니스탄 언어로 번역된 초대 교회사 강의노트

긴장된 마음으로 교회사 첫 강의를 시작했다. 통역 과정을 거쳐야 했기에 계획된 강의 시간보다 두 배 이상 걸렸다. 통역한 강의를 어떻게 이해했는지 피드백을 받는 데도 어려움이 있었다. 다행히 A자매가 영어를 잘 구사할 수 있어서 많은 정보를 얻을 수 있었다.

A자매는 일찍 아프가니스탄을 탈출했다. 그녀의 가족은 진작 아프가니스탄을 탈출하여 파키스탄에 정착했다. A자매의 부모는 일찍감치 영어로

강의가 이루어지는 학교에 자매를 보냈다. 부모님들은 어떻게든 딸이 영어를 배울 수 있도록 최선을 다했다.

A자매는 아프가니스탄 사태가 터지자 파키스탄 정부에 망명 신청을 하게 되었고 난민 캠프로 보내져 이곳에 오게 되었다. 그 자매는 영어를 할 수 있어 난민들과 UN의 감독관들 사이에서 통역을 담당했다. 영국식 악센트가 강했지만 영어 소통이 된다는 이유만으로도 나는 천군만마를 얻은 것 같았다. 강한 영국식 악센트와 아랍권 특유의 억양은 대화를 이어 가는 데 큰 문제가 되지 않았다.

A자매는 선교사님을 통해 통역 과정을 거칠 때는 질문하지 못했던 것이 많았다고 했다. 아프가니스탄 학생들은 선생님(아프가니스탄 형제들은 선교사를 선생님이라 부름)이 무서워 통역을 거칠 때는 마음속 깊은 곳의 질문을 하지 못했다. 그들은 곤란하거나 자신들의 마음속에 있는 의문을 질문하는 것이 예의에 벗어난다고 생각하기 때문이다. 우리 세대도 교수님이나 목사님께 솔직한 질문을 하지 못했다. 그러나 질문 거리가 있다는 것은 좋은 반응이었다.

A자매는 많은 질문을 했다. 성경의 이야기뿐만 아니라 자신이 비자를 받아 갈 수 있는 미국이나 캐나다에 대한 질문도 많았다. 도대체 지금 어떤 일이 전 세계적으로 일어나고 있는지 궁금해했다. 내가 대답을 하기도 전에 또 다른 질문이 이어졌다. 그 질문 중 기억에 남는 몇 가지를 생각나는 대로 정리해 봤다.

- 왜 서양 종교인 기독교를 한국 선교사가 전파하는지 이해되지 않는다. 이유가 무엇인가?
- 왜 미국에 있는 교수들이 인도네시아에 있는 아프가니스탄 난민들을 돕는 것인가?
- 진짜로 우리를 도와주는 것인가, 아니면 우리를 이용하려는 것인가?

이 질문을 받았을 땐 마음이 아팠다. 이 질문의 의도를 알고 있었기 때문이다. 자매의 이 질문에는 아프가니스탄에 주둔한 러시아, 미국 같은 열강들에 의해 아프가니스탄 사람이 많이 이용당하며 살아왔다는 전제가 깔려 있음을 알 수 있었기 때문이다. 계속해서 뇌리에 남는 질문들을 서술하면 다음과 같다.

- 미국 사람과 한국 사람은 모두 예수님을 믿고 기독교를 자신들의 신앙으로 받아들였는가?
- 하나님(기독교의 하나님)이 살아 계시고 그분이 사랑의 하나님이라면 왜 우린 이렇게 살아야 하는가?
- 기독교인들은 탈레반을 용서하라고 하는데, 탈레반은 살인자들이고 테러리스트들인데 이들을 용서해야만 기독교인이 될 수 있는가?
- 기독교인들은 아프가니스탄인들이 지옥에 간다고 말한다. 정말 그렇게 생각하는가?

마지막 질문에는 즉답을 해 주지 못했다. 답을 잠시 유보한 뒤에 이 문제를 함께 생각해 보기로 했다.

A자매는 이후에도 강의가 끝나면 찾아와 질문해도 괜찮냐고 물었고, 실제로 많은 질문을 했다. 신앙과 삶에 대한 심각한 질문도 있었지만 20대가 겪어야 하는 소소한 문제들까지 질문이 이어졌다. 인도네시아에서 K-Pop 문화가 유행 중이라 젊은 아프가니스탄 형제자매들도 한국 문화와 연예인 그리고 그들의 삶에 대한 질문을 많이 했다.

이런 질문 내용을 듣고 이야기하면서 사람들이 살아가며 가지는 질문과 의문들이 비슷하다는 사실을 알았다. 질문들은 꼭 아프가니스탄 형제자매들만 아니라 누구나 한 번쯤 해 보았을 법한 것이었다. 그러나 A자매의 질문이 많아질수록 안타까웠다. 학생들에게 많은 목마름이 있음이 느껴졌기 때문이다.

이들의 문제는 누구도 자유롭게 질문할 수 있는 사회적, 문화적 경험을 해 보지 못했다는 데 있다. 이슬람 사회는 자신의 선생님들에게 의문을 품을 수 없다. 종교 지도자들의 가르침에 이의를 제기하거나 질문을 할 수 없다.

계획된 범위의 강의가 끝나면 그룹별로 모여 강의를 서로 설명하고 자신들의 의견을 나누도록 했다. 하지만 형제자매들은 강의에 대한 자신들의 의견을 나누는 것을 어색해했다. 그들에겐 자신의 마음을 열고 이야기를 해 본 경험이 없다. 자신의 생각을 정리해서 발표해 본 경험 역시 없다. 자신이 생각해 보지 못한 생각들을 받아들이고 걸러내 자신의 생각으로 정리하는 방법을 경험해 보지 못했다. 이런 식의 수업을 해 본 적이 없기 때문이다. 그 이유를 물으니 한 형제가 어렵게 이야기를 시작했다.

자신의 나라에서는 이맘(종교 지도자)이 가르침을 시작하면 어떤 질문이나 토론을 할 수 없다고 하였다. 모든 마을 사람은 이맘이 가르치는 대로 따라야 하며 어린아이들은 절대적으로 순종과 복종을 해야 한다고 한다. 더욱이 남녀가 평등하게 한 그룹에서 이야기를 나누고 서로의 의견을 존중하게 하는 일은 자신들의 국가에서는 있을 수 없는 일이라고 말했다.

한마디로 미국에서 교수가 와서 자신들의 문화와 방법과 전혀 상관없이 일방적으로 이상한 방식으로 수업을 진행하고 있는 것이다. 사실 나도 문화 충격이었다.

부인들은 남편의 말에 무조건 복종해야 하고 서로의 의견을 나누거나 의견을 조율하는 일은 있을 수 없다고 이구동성으로 말했다. 학생은 스승의 말에 이견이나 의견을 말할 수 없다고 한다. 나이가 어린 사람이 어른들의 말에 자신의 의견을 이야기하는 것은 버릇 없는 행동이다. 세계에서 가장 꼰대스러운 나라가 있다면 아프가니스탄이라 할 수 있을 정도다. 종교를 여인들, 아이들, 사회적 약자를 세뇌하고 억압하는 도구로 사용하고 있음을 알 수 있었다. 나는 되묻지 않을 수 없었다.

"그럼, 지금 이 자리에 3명의 여학생이 있는데 여학생들이 각 그룹에 속해 함께 의견을 나누는 것을 도저히 할 수 없다는 것인가요?"

이렇게 되물은 후 신학교에서는 모두 그렇게 한다고 말했다. 하나님이 우리를 동등하게 창조하셨으며 남녀가 갖는 신체적, 감정적 차이가 존재하고 남성의 기능과 여성의 기능(육체적)에는 차이가 있지만 이 차이로 인해 차별은 있을 수 없다고 말했다. 그러니 각 조마다 여학생 한 명씩은 조별 나눔과 발표를 함께하라고 했다. 신학교 수업을 모두 그렇게 한다고 말해 버렸다. 언젠가는 탄로 나겠지만….

미국 사람이나 한국 사람, 아프가니스탄 사람 사이에 생김새나 언어, 문화의 차이는 있을 수 있지만 이 차이가 차별을 만들어서는 안 된다고 말했다. 기독교 역사 강의가 기독교 윤리 강의로 바뀌는 순간이었다. 이 한마디가 앞으로 마주하게 될 파장을 생각하지 못한 채 첫날, 첫 두 시간 강의 후 첫 그룹 토의는 그렇게 진행되었다.

첫 강의가 시작되기 전 경건의 시간

첫날 강의를 시작하면서 하나님을 예배하고 찬양하는 경건의 시간을 가졌다. 매우 흥미로운 것은 아프가니스탄 형제들이 부르는 대다수의 찬양이 한국 교회에서 즐겨 부르는 찬양이라는 사실이었다.

학생들의 이야기를 들으니 선교사님이 가르쳐 주시는 한국어 찬양을 거부할 수 없어 배웠다는 것을 알게 되었다. 그러나 놀라운 것은 한국어 찬양이 이렇게 영감이 넘치는 찬양이었다는 것을 이곳에서 처음 깨달았다는 것이다. 언어와 문화와 살아온 삶의 방식이 다르지만 성령 안에서 하나 됨을 경험하는 시간이었다.

앞에서 언급한 여섯 가지 질문이 기억나는가?

만약 선교지에서 이런 질문을 받는다면 여러분은 어떤 답을 줄 수 있을까 생각해 보았는가?

그 질문들 중에서 가장 곤란했던 것은 마지막 여섯 번째 질문이었다.

이 질문에 어떻게 답을 해야 할까?

고민이 되었다. 일단 여섯 번째 질문에 대해선 대답을 유보해 두고 함께 답을 찾아보자고 말했다. 이들과 수업을 진행하면서 아프가니스탄의 현 상황과 형제자매들이 당하고 있는 일련의 사태와 상황들을 알아 가면서 나는 자매에게 여섯 번째 질문에 대한 답에 조금씩 접근해 갔다.

나는 조심스럽게 물었다.

"탈레반이 장악한 현재 아프가니스탄의 삶을 어떻게 생각해?"

"여자는 부모와 남편 없이 외출할 수 없는 상황은 어떻게 생각해?"

재차 물었다.

"모든 직장에서 쫓겨나고, 여자라는 이유로 학교를 다닐 수 없고 경제 활동을 할 수 없는 상황은 어떻게 생각해?"

무거운 침묵이 한차례 흘렀다. 나는 재촉하지 않고 그들 스스로가 질문에 답할 수 있는 시간을 주었다. 그리고 질문을 이어 갔다.

가족들이 가족을 살리기 위해 아들딸을 해외로 탈출시키고, 해외로 탈출한 이들이 난민으로 살아가고 있는 현재 상황을 어떻게 생각하느냐고 물었다. 엄마 아빠를 만나고 싶어도 탈레반 때문에 고향으로 돌아갈 수 없고, 매일 폭탄이 터지고 테러의 공포 속에 살아가는 아프가니스탄 형제자매들이 느끼는 현재의 삶은 천국인지 아니면 지옥 같은 삶인지 자매님의 생각을 말해 달라고 다시 물었다. 난 그때 울부짖으며 하는 그 대답 소리를 똑똑히 들었다. 지금도 귓가에 생생하게 들린다.

"교수님, 그만 질문을 멈춰 주세요. 저는 지금 충분히 지옥을 경험하고 있습니다. 질문 하나하나가 저에겐 이미 충분히 지옥입니다."

"Please Stop!"

아프가니스탄 형제자매들의 삶은 이미 지옥 같은 삶이다. 매일 폭탄이 터지고 테러에 노출되며 난민 생활을 해야 하고 전기가 없으며 생활고에 시달려야 하기 때문만은 아니다. 탈레반에 의해 가족을 잃고 복수심에 불타서 살아가야 하는 저들의 마음은 이미 지옥이다.

난민으로 살아가면서 생존해야 하는 정글과 같은 곳에서 서로를 불신하며 살아가야 하는 자신들의 삶은 이미 지옥 같은 삶이다. 역사 속에서 열강들의 정치적 희생양이 되버린 아프가니스탄의 현실은 지옥과 같은 상황이었다.

부모 형제와 고향을 떠나 탈출하였지만 언제 다시 고향으로 돌아갈 수 있을지, 언제 다시 사랑하는 부모 형제를 만날 수 있을지, 언제 다시 고향 친구들을 만날 수 있을지 마음 졸이며 살아가야 하는 자신들의 처지는 이미 지옥과 같은 삶이란 것을 누구보다 잘 알고 있다. 나는 잔인한 대답 같지만 여섯 번째 질문에 답을 전했다.

"삶이, 마음이, 생각이 지옥이면 그곳이 바로 지옥입니다."

내가 당장 저들에게 천국과 같은 삶을 제공하고 그것을 제시할 수 없다 해도 함께 눈물을 흘릴 수만 있다면, 저들의 지옥 같은 삶에 조금은 위로가 되지 않았을까?

복음만이 저들의 깊은 상처와 아픔을 해결할 수 있다. 나는 그저 저들 옆에 함께 있어 줄 뿐이다.

## 2) 보편적 역사 공부가 중요한 이유

나는 유독 역사 과목을 좋아했다. 친구들은 암기해야 하는 것이 많아 싫다고 했지만 나는 유독 역사 과목이 즐거웠다.

초등학교 4학년 때 아버지가 선물로 주신 『삼국지』를 읽었다. 『삼국지』, 『초한지』를 섭렵하고 김용이라는 소설가의 책에 푹 빠져 용돈만 생기면 책을 사 모았다. 『삼국유사』, 『삼국사기』 같은 한국 역사에 관한 책뿐만 아니라 사마천의 『사기』(학생용으로 읽을 수 있을 만한) 같은 책도 단숨에 읽었다.

이렇게 역사책에 푹 빠져 있던 나는 포에니 전쟁사를 다룬 한니발 장군의 위인전을 읽으면서 새로운 세상을 만나게 되었다. 카르타고의 영웅 한니발의 위인전을 읽으면서 자연스럽게 서양 고대사와 역사, 그리스 역사와 로마 역사, 초대 기독교사, 중세사, 르네상스를 거쳐 근대 사회로 접어드는 근현대사에 관한 책들을 자연스럽게 접할 수 있었다.

서양의 영웅 이야기를 통해서 새로운 세상과 세계가 있음을 알았다. 비록 그 시대에 세계 여행을 할 수 없었지만 새로운 세상에 대한 꿈을 꿀 수 있게 되었다. 역사를 통해 어린 시절 새로운 세상에 대한 꿈을 꾸고 한국

밖, 새로운 나라에 대한 상상과 꿈을 꾸는 데 있어 역사는 매우 중요한 역할을 해 주었다.

그뿐만 아니라 역사는 내게 거듭난 이후 하나님의 경륜과 세계 경영에 대한 시각과 통찰을 주었다. 인간의 역사 속에 들어오셔서 인간의 삶을 만들어 가고 계획하시는 하나님의 통치 속에 일어났던 사건과 이야기를 통해 하나님이 통치하는 세상을 엿보는 중요한 시선을 역사를 통해 얻었다. 그래서 역사는 단순히 일어난 사건의 연도와 중요한 핵심 사건을 암기해야 하는 과목이 아니다. 그 사건이 일어날 수밖에 없었던 사회적, 문화적, 교육적, 환경적인 모든 요소와 하나님의 계획과 섭리를 이해해야 하는 것이 역사다.

역사를 통해 하나님이 경영하시는 세상의 경영과 세상이 달려가고 있는 하나님의 여정을 정확하게 관찰하고 통찰해야 한다. 이것이 역사 교육의 목적이다. 기독교 역사 역시 역사적 사건에 하나님의 통치와 경륜과 섭리를 읽어내고 지금 내가 살아가고 있는 현 삶 속에서 하나님의 경륜과 섭리의 조화를 이루어 내기 위해 성찰해야 할 삶을 살피는 것이 가장 중요한 역사를 공부해야만 하는 이유다.

적어도 이런 성찰과 통찰 없이 연도와 사건을 줄줄이 암기해야 하는 역사 공부를 했어도 그리스도인들은 역사의식과 하나님의 경륜과 섭리 속에서 개인의 역사를 써 내려갈 수 있어야 한다. 누구도 기억하지 않을 것 같지만 그 역사 속에 살아온 사람의 이야기는 후대에 누군가의 시선으로 정의되고 해석되는 과정을 거친다. 역사의 무서움이란 이것이다. 후대에 반드시 조명을 받아 새롭게 해석되고 적용될 수 있다.

그러나 우리는 역사를 책상에서만 배워 왔다. 역사를 시험지에서만 배워 왔고 역사를 정치와 자신의 기득권을 유지하는 도구로 사용해 왔다. 우리는 과거의 역사적 사건을 체험하고 경험할 수 없기에 역사적 사건을 해석하는 데 한계가 있다.

현재에 경험할 수 있는 역사는 어떤 사안이 옳은지 그른지 가만히 앉아서는 온전히 이해하기 어렵다. 직접 역사 속으로 뛰어 들어와 직접 경험하고 실천해 봐야 해당 사안의 역사적 시점을 이해할 수 있다. 경험해 보지 않으면 상대의 역사적 체험과 해석을 온전히 헤아리기 어렵다. 체험하면 머리로 이해하기 전에 가슴으로 만나고 피부로 느낀다. 이런 역사적 경험은 책상에서 이해하는 역사적 사건과 그 해석, 통찰과는 다를 수밖에 없다.

## 4. 둘째 날 강의가 시작되다

한마디로 망연자실 그 자체였다. 아프가니스탄 형제자매들은 보편적 세계 역사에 관해 들어 본 적도 배워 본 적도 없다. 함께 강의를 듣고 있는 9명의 신학생은 가장 기초적인 역사에 대한 기본 지식조차 없었다. 가령 AD와 BC를 나누는 기준 같은 기초 지식도 없었다. 이들은 학교에서 이슬람의 역사를 접하고 배우긴 하지만 보편적인 역사를 배우지 않는다고 한다. 물론 모든 학교에서 이런 교육을 하는 것은 아니다. 그러나 지역마다 교육 편차가 큰 것은 사실이다.

그 지역의 이맘에 따라 기본적인 학교 교육마저 이슬람의 왜곡된 역사의식을 심어 주기 위해 이용하고 사용된다. 보편적 역사를 배우면 역사의식이 생기고 역사의식이 생기면 질문이 자연스럽게 따라오고, 질문이 따라오면 자신들의 방식대로 사람들을 관리할 수 없기에 이슬람의 이맘들은 보편적 역사 교육을 거부하고 왜곡시킨다.

기독교 역사 공부는 보편적 역사 속에 하나님의 눈으로 역사를 재해석하는 시각을 필요로 한다. 단순한 암기 공부가 아니라 새로운 세계관과 시각을 이해하고 적용해야 하는 공부다. 아프니가스탄 형제자매들은 지금까지 이런 공부를 해 본 경험이 전무했다. 이들의 세계관과 시각 속에서는 세계를 경영하고 움직이는 하나님의 손길을 접할 기회가 전혀 없었다.

단편적인 이슬람의 시각으로 왜곡된 역사관을 가지고 있는 형제자매들의 모습이 너무 불쌍하고 안타까웠다. 역사의식이 왜곡되면 마주하는 현실의 세계도 왜곡된 시각과 세계관으로 바라보고 해석할 수밖에 없다. 올바른 역사의식이 건강한 자아와 시선을 갖게 해 준다.

내가 신학교 강의에서 AD와 BC의 차이점을 이야기하고 설명하리라고는 상상조차 해 보지 못했다. 인류 역사의 AD와 BC를 만드신 분이 예수님이란 사실조차 모르는 이들에게 역사를 가르쳐야 하는 이유는 너무 분명하다.

## 5. 넘어야 할 큰 문턱

복음은 신화와 관습과 문화를 뛰어넘어 새로운 세계관과 삶으로 인도한다. 첫째 날 강의가 끝나고 둘째 날 강의를 앞둔 시점에서 통역을 하는 선교사님과 강의 내용에서 뛰어넘어야 할 큰 산 하나를 만났다. 초대 교회사를 끝내고 반드시 마주쳐야 할 십자군 전쟁에 대한 강의였다.

권용준 선교사님은 왜곡된 역사의식만 접했던 형자매들이 혼란스러워할 것을 우려하셨다. 나는 선교지에 가면 선교지의 모든 사역은 선교사님께 무조건 순종한다. 내가 이해되지 않아도 선교지에서 사역하시는 선교사님이 100퍼센트 옳음을 인정한다. 선교사님이 그렇다면 그런 것이다. 이것은 모든 선교지에서 예외 없이 지켜 왔던 나의 선교 제1원칙이었다.

처음으로 선교사님의 의견을 100퍼센트 수용하지 못하는 일이 발생했다. 십자군 전쟁을 설명하지 않고서는 초대 교회사와 중세사로 넘어가는 교회의 역사를 강의할 수는 없는 노릇이었기 때문이다.

우선 선교사님을 설득했다. 선교사님의 우려를 너무나도 잘 알고 있다. 선교지, 특히 이슬람 지역에서 한 영혼을 얻어 회심의 역사를 경험하는 것이 얼마나 어려운지 잘 안다. 이슬람 지역에서 한 영혼의 회심에 얼마나 많은 노력과 땀을 흘려야 하는지 알기에 한 영혼이 실족하고 넘어지는 것은 너무나도 안타까운 일이다.

나는 계속해서 선교사님을 설득했다. 이들은 신학 공부를 하고 있는 학생들이며 목회자가 되어야 할 사람들인데 십자군 문제로 배교를 하게 된다면 목회자가 되어서는 안 된다며 물러서지 않았다. 이 부분을 잘 설명하고 용서를 구해야 할 부분이 있다면 용서를 구하고 교회의 민낯을 드러내고 용서를 구해야 이슬람권 형제들도 진짜 복음의 의미를 받아들일 수 있지 않겠느냐고 설득했다. 선교사님의 우려를 너무 잘 알았지만 나도 물러설 수 없는 상황이었다.

그날 밤, 도저히 잠을 잘 수 없어 십자군 전쟁에 관한 부분을 보고 또 보고 강의 내용을 정리하고 다시 기도하며 성령의 도우심과 역사를 구했다. 십자군 전쟁사로 인해 시험에 드는 영혼 없이 모두가 예수 그리스도의 십자가의 용서와 사랑을 경험하는 시간이 되게 해 달라고 기도했다. 강의가 시작되기 전까지 나는 그렇게 기도하며 하나님께 매달릴 수밖에 없었다. 아프가니스탄 언어로 잘 통역되기를 기도할 수밖에 없었다.

긴장되는 마음을 안고 드디어 강의를 시작하였다. 강의에 앞서 십자군 전쟁으로 인해 상처와 오해, 어려움이 있다면 용서해 달라고 사과했다. 그러자 지금까지 강의에 귀를 기울이기만 하던 형제자매들은 저마다 한마디씩 울분을 토해 내기 시작했다. 통역이 없어도 어떤 이야기들이 오가는지 알 수 있을 것 같았다. 선교사님은 도저히 통역을 할 수 없다고 하셨지만 어떤 말이든지 통역해 달라고 부탁했다.

선교사님은 이슬람 문화는 한국처럼 가부장적 계급 사회이므로 지금처럼 통역하는 자신에게, 또 강의하는 선생님에게 자신들의 감정을 쏟아내면 절대로 강의 내용을 받아들이지 않을 것이라고 우려하셨다. 그들이 십자군에 대한 이야기를 모두 속 시원하게 할 때까지 나는 그들의 이야기를 들어주었다. 동의해 주었고 오해하고 있는 부분은 메모를 해 두었다. 오전 시간은 그렇게 형제자매들의 성토 대회로 강의를 마무리하고 점심 이후 십자군에 대한 두 번째 강의가 이어졌다.

복음에는 실수가 없다. 하지만 복음을 온전히 이해하지 못한 인간은 어리석다. 죄인 된 인간에게 욕망이 더해지면 십자가를 지라고 명령하신 하나님의 명령을 버리게 되는 어리석음에 대해 함께 나누었다. 인간의 욕망과 복음이 만나면 복음이 왜곡된다. 십자가를 질 것을 명령하셨건만 십자군이 되었다. 십자가를 지는 것과 십자군이 되는 것은 근본적으로 다르다.

임진왜란 당시 고니시 유키나가가 아우그스티누스라는 세례명을 받았고 조선 정벌에 참여한 아리마주, 오무라주, 야마쿠사주, 대마도의 도주들은 천주교 신자였다. 특히, 대마도주 소 요시토시는 가장 독실한 천주교 신자로 한국에 천주교를 전하기 위해 임진왜란에 참여했다고 알려져 있다. 십자가를 져야 할 사람들이 십자군이 된 것이다.

예수님은 우리에게 십자가를 지라고 하셨다. 십자군이 되라고 말씀하지 않았다. 자신들의 결정에 어떤 역사적 평가가 내려질지 생각하지 않으면 많은 오류를 범할 수밖에 없다. 우리 개인의 역사도 마찬가지다. 이것이 늘 역사의식을 가지고 살아가야 하는 이유다.

이런 사례는 단지 십자군뿐만 아니라 수많은 역사에 기록되어 있다. 제국주의 깃발 아래 그들을 위한 가이드를 자처한 교회와 선교사들의 연약함을 발견하는 건 그리 어려운 일이 아니다. 나는 진실한 마음으로 이런 죄악으로 인해 상처를 받았다면 용서해 달라고 부탁했다. 그리고 더 나아가 탈레반을 용서하자고 도전하는 기도 제목을 내놨다.

나는 선교사님께 정중한 마음으로 통역을 부탁드렸다. 내가 기독교 전체를 대표할 수 있는 사람은 아니었지만 역사 속에서 일어난 잘못된 문제들을 진지하게 회개해야 하는 시대를 우리는 살아가고 있다. 내가 속한 남침례교단 역시 아프리카 노예에 대한 용기 있는 회개가 필요한 시대다.

나는 거듭 용서를 구했다. 그리고 그들에게 오늘부터 탈레반을 용서하는 날이 되어야 한다고 말했다. 신학 공부를 하고 목사가 되려면 탈레반을 용서해야 한다고 다시 말했다. 순간 그 장소는 북극처럼 모든 것이 얼어붙었다. 서로에게 고통스러운 시간이었지만 극복해야 할 시간이다. 반드시 넘어야 할 산이다. 하지만 난 알았다. 하나님의 사랑으로 넘지 못할 산은 없다는 것을…. 하나님의 은혜로 극복 못할 난관은 없다.

## 6. 탈레반이 누구인가?

그들에게 있어 탈레반은 아버지를 죽인 원수다. 아내를 죽인 원수다. 가족들을 죽이고 가정을 파괴한 원수들이다. 지금 고향 땅 아프가니스탄을 버리고 난민으로 살아가야 하는 이유가 바로 그 탈레반 때문이다. 그런 탈레반을 용서하라고 말했다.

나는 계속해서 도전했다. 탈레반을 용서해야 한다고. 역사를 배우는 이유와 목적은 잘못되고 실수한 역사의 사실 앞에 우리의 삶을 돌아보는 것이며 이로써 똑같은 실수를 하지 않도록 하기 위함이라고 설명했다. 탈레반을 용서하는 것이 지금 역사를 배우는 가장 큰 목적이라고 도전했다.

한 형제가 울기 시작했다. 한 형제는 다시 이슬람으로 돌아가겠다고 했다. 기독교인이 되어 탈레반을 용서해야 한다면 자신은 이슬람으로 살다가 복수하겠다고 했다. 이 형제의 말에 선교사님도 의분을 내셨다. 그 순간 나도 절망스러워졌다.

아! 결국, 산을 넘지 못하는가?
괜한 나의 고집으로 선교사님과 형제자매들이 어려워지는 것은 아닌가?
내가 무슨 대단한 역사학자라고 고집을 부렸을까?

후회가 밀려왔다. 울며 부르짖는 형제자매들을 바라보며 성령님이 일해 달라고 기도하며 잠잠히 기다렸다. 그렇게 수업이 종결되었다.

그 후 이들에게 변화가 일어났다. 한 사람 한 사람 자신들이 탈레반에 의해 겪고 있는 많은 아픔을 이야기했다. 탈레반에게 당한 성폭행, 죽음, 가족의 고통, 현재도 진행되고 있는 말할 수 없는 어려움들을 이야기했다. 그들이 고통을 쏟아내자 그 틈을 성령님이 비집고 들어가기 시작하셨다. 그렇게 성령의 역사가 시작되었다.

물론 한 번의 울부짖음과 토해 냄으로 모든 치유가 일어나고 상처가 아물진 않았을 것이다. 그러나 그 후 3년이 지나자 이 문제를 극복하고 진정한 용서의 기쁨을 누리는 형제자매들이 나타나기 시작했다. 넘지 못할 산도 한 걸음 한 걸음 나가면 언젠가 그 산을 넘을 수도 있음을 알았다.

아프가니스탄인들의 정체성은 뼛속까지 이슬람이다. 이들이 말하는 이슬람은 십자군의 무참한 무력에 앞에서도 신앙의 순수함을 지켜낸 피해자이다. 난민으로 나와 있는 자신들의 정체성은 서구 열강의 욕심으로 인해 발생한 국제적 피해자이다. 아프가니스탄 난민들의 영혼에 깊이 새겨진 주름은 피해자로서의 정체성이다.

이 골의 깊이는 천년의 역사라는 시간 속에 새겨진 주름이다. 이것을 단숨에 뛰어넘는 것은 쉽지 않다. 한 사람의 역사도 자신이 경험한 사건과 사람들, 직간접적인 경험의 흔적들을 통해 생성되고 형성된다. 하물며 몇 천년의 역사 속에 새겨진 한 국가와 민족의 정체성을 단숨에 뛰어넘기란 분명 어려운 것이다.

그래도 우리는 믿어야 한다. 예수님의 십자가와 보혈의 은혜만이 이런 장애물을 뛰어넘을 수 있는 유일한 은혜임을 말이다. 이것이 바로 우리가 인도네시아에 있는 아프가니스탄 난민들의 회심 사건에 주목해야 할 중요한 이유다. 더불어 우리는 생각해 봐야 한다.

'이들을 통해 이슬람 복음화를 위한 해법의 실마리를 찾을 수 있지 않을까?'

## 7. 아프가니스탄 난민이 왜 인도네시아에?

아프가니스탄은 40년간 내전에 시달렸다. 급기야 1979년 12월엔 소련이 아프가니스탄을 침공하여 9년 동안 아프가니스탄 반군 세력과 전쟁을 치뤘다. 대략 1백만 명 정도의 사상자가 발생했고, 숫자를 헤아릴 수 없을 만큼 수백만의 난민이 이란과 파키스탄과 같은 인근 나라로 망명했다.

지금 인도네시아의 난민은 직간접적으로 미국의 9.11 테러와 밀접하게 연관되어 있다. 미국은 이 테러 이후 주범인 알케에다와 오사마 빈 라덴을 지원하는 탈레반 정권을 축출하기 위해 아프가니스탄을 침공했다. 이로써 지루한 전쟁이 시작된 것이다.

　이 전쟁의 의미는 21세기 최초의 전쟁이라는 것에 있다. 또한 미국이 베트남 전쟁과 함께 결과적으로 실패한 전쟁으로 기록될 사건이다. 더불어 미국이 가장 오랜 기간 동안 치룬 전쟁으로 기록될 전쟁이다.

　2001년에 시작된 전쟁은 미군이 완전 철수한 2021년 9월 11일까지 무려 20년간 계속되었다. 20년이 넘는 지루한 전쟁과 급증하는 사상자로 인해 미국 내 여론이 좋지 못했다. 천문학적인 예산이 매년 투입되었지만 전쟁을 끝내 마무리 짓지 못했다. 결국엔 미군 철수가 결정되었다. 그때 이렇게 무책임하게 미군의 철수가 이루어질 것이라고 생각한 사람은 없었다. 국제 사회에서는 미군의 철수 방법을 두고 연일 비판의 목소리를 높였다.

　아프가니스탄은 얼마 지나지 않아 탈레반에 의해 속속 점령당했다. 결과적으로 탈레반이 카불을 점령하고 모든 정권을 장악하기에 이르렀다. 탈레반이 군사력을 동원해 아프가니스탄을 점령하게 되자 미군에 협조하거나 UN 측과 함께 일한 사람들에 대한 핍박이 시작되었다. '샤리아법'에 의해 무참히 처형당했다. 가족들이 몰살당했다. 이뿐만이 아니다.

　여성들의 모든 공립학교 교육이 금지되었다. 모든 직장에서 여성들을 쫓겨나게 되었다. 여성은 남편이나 아버지를 동반하지 않고는 공공장소를 비롯해 모든 외출이 금지됐다. 대학을 졸업했거나 공무원, 외국 기업에서 근무했던 사람은 '샤리아법'에 의해 처형의 대상이 되었다.

　탈레반의 표적이 된 가족이 있는 집안은 일가친척들까지 동원되어 이들의 아프가니스탄 탈출을 도왔다. 인근의 파키스탄과 이란으로 난민들이 몰려들기 시작했다. UN 추산으론 약 60만 명의 난민이 아프가니스탄을 탈출한 것으로 알려졌다.

　UN도 각 서방 국가에 아프가니스탄 난민들을 수용해 줄 것을 호소했다. 지리적으로 비교적 가까운 유럽에서 난민 수용에 반응했지만 책임이 있는 미국에서는 난민 중에 탈레반이 있을 수 있다는 이유로 거부했다.

　UN의 요청에 비교적 발빠르게 수용 의사를 밝힌 나라가 오스트레일리아와 뉴질랜드다. 아프가니스탄 난민들은 오스트레일리아와 뉴질랜드로 가기 위해 인도네시아로 정치 망명을 희망했다. UN도 같은 이슬람 국가인 인도네시아에 난민 캠프를 요청했고 UN의 원조와 구호를 약속했다. 그런 연유로 지리적으론 정반대에 위치한 인도네시아에 아프가니스탄 난민들이 이동하게 된 것이다.

　인도네시아는 지리적으로 남반부에 속해 있다. 비행기를 이용하면 오스트레일리아와 뉴질랜드에 3시간이면 도착할 수 있다. 한국인들에게도 잘 알려진 발리는 오스트레일리아와 뉴질랜드인들의 대표적인 휴가지 중에 하나다.

　초창기 아프가니스탄 난민 사태가 발생했을 때 인도네시아로 망명한 난민들은 비교적 빠른 시간 안에 오스트레일리아와 뉴질랜드로 정치적 망명을 할 수 있었다. 하지만 모든 난민을 받아들일 수 없는 것이 당연하다. 오스트레일리아와 뉴질랜드가 더 이상 난민들을 수용할 수 없다고 선언했다. 그제서야 미국은 국제 사회의 비난을 피하기 위해 조건부 난민 수용을 허용하였다. UN의 신분 조회를 거쳐 난민을 미국 수용소에 수용한다는 내용이었다. 난민들이 제3국으로 망명하기 위해선 적어도 7년에서 10년까지 인터뷰 과정을 거쳐야 한다.

　인도네시아는 남아 있는 약 3만 명 정도의 난민의 모든 경제 활동을 금지시켰다. 난민들 중엔 자신의 신분을 증명할 만한 신분증을 제시하지 못하는 이가 부지기수다. 현실이 이러니 UN 난민 수용소에 있는 이들의 생활은 열악하기 그지없다.

　인도네시아는 일 년 내내 비가 오고 습하다. 하루에 두 차례 스콜이 몰아치면 천막 수용소 이곳저곳에는 비가 새고 벌레가 창궐한다. 음식도 오랫동안 저장할 수 없다. 덥고 습한 환경과 변하지 않는 기후, 열악한 환경으로 인해 난민들은 차라리 교도소에 들어가는 것이 좋겠다며 교도소 앞에서 시위를 벌이기도 했다.

　아프가니스탄과 인도네시아는 이슬람 국가지만 서로 다른 종파로 구분된다. 아프가니스탄은 사우디를 중심으로 하는 시아파에 속해 있다. 이에 반해 인도네시아 대다수의 이슬람은 수니파에 속해 있다. 같은 이슬람 국가지만 수니파는 시야파를 기독교인들보다 더 싫어한다.

　서로 종파가 다르기에 이슬람 형제국이란 마음으로 망명한 아프가니스탄 난민들은 인도네시아 정부와 국민들로부터 차별과 핍박, 냉대를 받고 있다. 아프가니스탄 형제들은 같은 이슬람 형제들에게 당하는 배척으로 인해 이슬람에 대한 환멸을 느끼고 있다. 이슬람 동족인 탈레반에 의해 쫓겨나고 이슬람 형제국인 인도네시아에서 천대와 멸시를 당하고 있다.

　인도네시아의 아프가니스탄 난민에게는 운전면허도 허용되지 않는다. 모든 경제 활동도 금지되어 있다. 이들은 UN의 지원과 난민 사역을 감당하는 그리스도인들의 원조로 겨우 목숨을 부지하며 하루하루 기약 없는 난민 생활을 이어 가고 있다.

## 8. 권용준 선교사 이야기

　서두에서 밝혔듯이 나는 이 사역의 주된 사역자가 아니다. 지금 인도네시아에서 일어나고 있는 이슬람 형제들의 폭발적인 부흥에는 권용준 선교사 가정의 전적인 헌신이 있었다.

　이슬람권 선교사들은 이구동성으로 20년 이상 사역을 해도 한 영혼을 그리스도께로 인도하는 것이 불가능하다고 말한다. 그런데 지금 인도네시아 자카르타에서는 150명 이상이 공동체를 형성하고 있다. 아프가니스탄에서는 가정교회가 불같이 일어나고 있다.

　2023년 9명의 신학생이 신학 과정을 마쳤다. 두 명의 형제가 목사 안수를 받았다. 정확한 기록을 확인할 길이 없어 단언할 수 없지만, 적어도 게이트웨이(골든게이트 시절 포함) 역사상 아프가니스탄 출신 졸업생은 처음이다. 미국 남침례교단의 아프가니스탄 현지 목사의 안수도 역사상 처음이다. 선교 역사에 있어 큰 전환점을 가져올 수 있는 사건이 발생한 것이다. 앞으로 미국 침례교단의 선교 역사에 적어도 큰 획을 긋는 사건이 일어난 것이 분명하다.

　2023년 1기 졸업생 이후 시작된 2기 신학 과정에는 무려 18명의 학생들이 수업에 참여한다. 미주와 유럽의 신학교가 쇠퇴해 가고 있고 한국도 신학교의 위기가 시작된 이 시대에 인도네시아 난민들을 위한 게이트웨이 CLD 과정은 뜨겁게 부흥하고 있다. 더 많은 지원자가 있지만 선발 과정에서 철저한 인터뷰를 거쳐 18명의 입학이 허락되었다.

다음 3기를 기다리는 후보생들이 벌써 준비되어 있다는 것은 희망이다. 이런 희망이 가장 절망적인 상황과 환경 속에서 발생한 소망과 희망이라는 것이 놀라울 뿐이다.

이 모든 사역은 권용준 선교사 가정의 피눈물 나는 헌신이 있었기에 가능했다. 권용준 선교사는 자신의 이름이나 사역이 자랑거리가 되는 것을 극히 꺼린다. 그래서 그에 대한 정보가 지극히 제한적이다. 책을 쓰기 위해 이래저래 찔러보고 짜내어 겨우겨우 조금씩 이야기하는 그분의 간증 이외에는 자신의 이야기가 자랑거리가 될까 싶어 이야기하지 않는다. 그에 대한 정보 대부분은 그가 선교사대회에서 자신의 사역에 대한 보고와 간증에서 이야기한 것이 전부라 할 수 있다.

청소년기에 어떤 일 때문인지 모르지만 권용준 선교사는 삼청교육대를 거쳤다(자세한 설명을 하진 않았다). 그는 조직생활까지 한 것은 아니었지만 사회에 많은 불만을 품고 하루하루 살아가는 꿈 없는 청년이었다. 불미스러운 일에 휩쓸려 삼청교육대에 끌려갔다.

삼청교육대 퇴소 후 경찰이 되겠다고 결심하고 영등포 경찰서 강력계 형사가 되었다(이 과정도 구체적인 설명을 기다렸지만 이것으로 모든 설명을 끝냈다). 삼청교육대 훈련생이 강력계 형사가 되었으니 목숨을 걸고 범죄 현장을 누비고 다녔다. 1988년 10월 8일, 영등포 교도소에서 공주 교도소로 이감 중이던 지강헌은 "유전무죄 무전유죄"라는 당대에 회자되는 말을 남겨 지금까지도 잘 알려진 사건이 되었다. 권용준 선교사는 탈출한 지강헌을 검거하고 그에게 수갑을 채운 주인공 형사였다. 이 일로 그는 일약 스타 경찰이 되었다.

경찰로 승승장구하다가 우연히 학원 사업을 시작하게 되었다. 전문 스파르타식 학원이었는데 자신의 경찰 커리어와 함께 학원은 날로 번창했다.

강력계 형사 출신 원장이 학생들을 지도하니 공부를 안 하거나 문제를 일으키는 학생들이 변하고 공부도 열심히 한다는 소문이 삽시간에 퍼져 나갔다. 돈과 명예가 한꺼번에 몰려 들어왔다. 탄탄한 성공 가도를 달리게 되자 밤 문화에 빠져들게 되었다. 그 후 건강과 가정, 결혼생활은 파탄에 이를 지경에 빠지게 되었다.

이때 사모님이 교회에 출석하기 시작했다. 사모님의 눈물겨운 기도와 전도로 권용준 선교사는 교회에 출석하게 되었다. 한국에선 도저히 밤 문화의 유혹을 견디고 이길 수 없어 담임목사님은 권용준 선교사를 타지키스탄 두산베로 보냈다. 편도 티켓만 가지고 도착한 그곳에서 거듭남의 확신을 경험했다. 극적인 회심이었다. 하나님을 만나는 강력한 영적 체험을 통해 살아 계신 하나님을 체험하고 경험했다. 권용준 선교사가 회심하던 그 즈음, 미국에서 큰 사건이 일어났다.

미국에 9.11 사건과 함께 미국은 오사마 빈 라덴을 지원하는 탈레반을 제거한다는 목적으로 아프가니스탄과의 전쟁을 시작했다. 이때 권용준 선교사는 UN 관계자들을 돕기 위해 아프가니스탄 선교사로 자원하였고 가족 모두 아프가니스탄으로 이주하였다. 권용준 선교사의 아프가니스탄에서의 사역은 이렇게 시작되었다.

권용준 선교사는 현지 형제들에게 태권도를 통해서 복음을 전하는 태권도 선교사가 되었다. 파견되어 온 한국의 주재원들과 UN 관련 사무관들을 도우며 아프가니스탄 사람들에게 복음을 전했다.

아프가니스탄에서 UN 산하 주재원들을 도우면서 태권도를 현지 형제자매들에게 가르치면서 복음을 전하는 선교사로 사역하다가 아무런 대책도 없이 아프가니스탄에서 철수해야만 했다. 급작스러운 미군 철수로 인해 모든 주재원과 UN 관련 사무관, 아프가니스탄에서 사역하던 사역자들은 모든 것을 남겨둔 채 기약 없이 아프가니스탄을 떠났다.

아프가니스탄에서 쫓겨날 수밖에 없었던 암담한 상황 속에서 권용준 선교사는 기도했다. 자신이 속했던 선교 단체가 있었던 것도 아니고 파송 교회가 있었던 것도 아니었기에 하나님의 인도하심을 구할 수밖에 없었다. 함께 아프가니스탄에서 사역하던 미국 남침례교단의 선교사님이 독일에 난민이 많으니 독일에 가서 난민 사역을 하자는 제안을 하셨다. 기도 응답이라고 생각했다. 하지만 하나님의 계획은 독일이 아닌 인도네시아였다.

미국 남침례교단 산하 국제 IMB(International Mission Board)는 난민 선교뿐만 아니라 해외 선교 사역에서도 가장 체계적인 선교 기관이었기에 권용준 선교사도 특별한 사정이 생기지 않으면 동역하기로 마음먹었다. 그러나 하나님의 생각은 달랐다.

기도하면 할수록 하나님은 독일의 사역은 막으시고 여전히 아프가니스탄 형제자매들을 위한 사역을 하게 될 것이라는 마음을 주셨다. 이런 마음을 지속적으로 주셔서 권용준 선교사는 곧 아프가니스탄이 다시 열릴 것으로 생각했다. 그렇지만 아프가니스탄의 국내외 사정은 더욱 악화되어 갔다. 탈레반 정권으로 인해 모든 교류가 차단되었다.

이때 권용준 선교사는 기도 중에 하나님의 음성을 들었다.

"나는 아프가니스탄을 떠난 적이 없다."

"나는 여전히 아프가니스탄을 사랑한다."

"너는 인도네시아로 가라."

권용준 선교사는 이런 하나님의 말씀을 이해하지 못했다. 인도네시아와 아프가니스탄이 도대체 무슨 상관이 있는지 몰랐기 때문이다. 그러나 기도하면 할수록 하나님이 주신 마음과 음성이 너무나도 분명해 무작정 인도네시아로 갔다. 연고가 있는 것도 아니고 아는 교회나 선교 단체가 있는 것도 아니었다. 무작정 인도네시아에 도착하여 인도네시아 현지 한인 교회를 방문했다. 방문하는 교회마다 인도네시아에 아프가니스탄 난민이 있는지 묻고 다녔다. 돌아오는 답변은 인도네시아에 왜 아프가니스탄 난민이 있느냐는 반문이었다.

아무런 성과를 얻지 못하고 한국으로 돌아가야 하는 일정이 되었다. 하나님의 음성을 잘못 들었을 것이라고 생각했다. 한국으로 돌아가면 독일로 가서 난민 사역을 하기로 마음을 굳혔다. 그렇게 한국으로 돌아가려고 짐을 정리하고 비행 스케줄을 알아보던 중 자신을 도와주던 목사님으로부터 다급한 연락이 왔다.

한인 목사님으로부터 들은 소식은 놀라웠다. 우연히 알게 된 미국 선교사로부터 UN에 의해 인도네시아에 정착한 난민 3만 명 정도가 있다는 정보를 듣게 되었다는 것이다. 이 소식을 들은 목사님은 권 선교사가 생각나 바로 전화를 했다는 것이다.

　권용준 선교사는 출국 일정을 늦추고 즉시 현지 목사님과 함께 인도네시아 UN 산하 난민 센터를 찾았다. 그곳에서 그는 운명적인 만남을 경험했다. 그것은 하나님의 음성을 분명하게 경험한 기도의 응답이었다.
　아프가니스탄에서 자신이 태권도를 가르친 제자를 만났다. 그동안 가르친 제자 중에 한 사람이 목사 안수를 받았는데 바로 그 존 목사를 만난 것이다. 선교사님도 놀라고 존 목사도 놀라 서로 부둥켜안고 한동안 눈물을 감추지 못했다. 이역만리 떨어진 인도네시아에서 제자를 만난 권용준 선교사나 난민으로 나와 방황하며 살아가던 존 형제가 스승을 우연히 만났으니 그 자리는 기쁨의 눈물과 감격이 넘쳐나는 자리가 되었다.

　권용준 선교사가 들었던 하나님의 음성은 한 치의 오차도 없었다. 비록 하나님의 음성이 들려온 시간과 권용준 선교사가 그 음성을 확인하는 시간적 차이가 있었지만 결과적으론 한 치의 오차도 없는 하나님의 음성이었다. 하나님의 음성과 응답에는 시차가 있을 수 있지만 한치의 오차도 없음을 재확인하는 시간이었다.
　권용준 선교사는 즉시 순종하여 모든 사역 방향을 인도네시아로 정했다. 한국에서의 모든 것을 정리하고 곧장 인도네시아로 향했다. 권 선교사의 모든 상황을 지켜봤던 한인 교회가 선교사님에게 태권도를 가르칠 수 있도록 교회 체육관을 제공해 주었다. 그곳에서 다시 태권도를 가르치는 태권도 선교가 시작되었다. 한인 교회들이 적극적으로 권용준 선교사의 사역을 도왔다. 난민 학교를 열어 주었고 영어 캠프를 시작할 수 있도록 도왔다. 이렇게 시작된 사역을 통해 지금의 놀라운 사역의 열매들이 맺히기 시작했다.

## 9. 둘째 날 수업 - 새로운 학생(장기 가격의 폭락)

둘째 날 숨막힐 것 같던 큰 산 하나를 넘어가니 수업 분위기는 완전히 바뀌었다. 신학생들은 탈레반도 용서하기 시작했다. 한 번에 모든 것을 용서할 수 없지만 용서의 기도를 시작했다. 너무나도 강력한 성령의 역사와 은혜를 체험하는 시간이었다. 아프가니스탄 형제자매들은 공동체의 강력한 힘을 잘 안다. 십자군 전쟁의 큰 산을 함께 넘은 이들은 서로에게 가장 강력한 공동체와 그 일원으로 하나 된 새로운 공동체가 형성되었다.

교회와 기독교공동체가 왜 이슬람공동체의 종교를 거부하는지 설명했다. 영적인 진리와 복음의 진리에 대한 믿음으로 잘못된 이론과 신화, 역사와 종교를 거부하는 하나님의 역사에 관해 나누었다. 이슬람 종교에 대한 거부가 이슬람 형제자매들을 거부하는 것이 아님을 충분히 설명했다.

이슬람은 문화적으로 강력한 신앙공동체를 형성한다. 가족과 가족, 마을과 마을은 물론 국가 간의 관계에서도 강력한 공동체적 의식을 여전히 강조하고 있다. 이슬람권의 선교사님들이 공통적으로 이슬람 선교가 어렵다고 하는 이유는 강력한 공동체 때문이다.

이런 이유로 이들은 자신들의 종교를 거부하는 것을 자신들의 공동체를 거부하는 것으로 받아들인다. 자신들의 민족을 거부하는 것으로 생각하는 것이다. 더불어 자신들의 국가와 정체성을 거부하는 것으로 받아들인다.

나는 계속해서 설명했다. 잘못된 이론과 종교체계를 거부하는 것이지 아프가니스탄 사람들과 민족과 나라를 거부하는 것이 아님을.

기독교로 개종하게 되면 가족들과의 관계가 끊어진다. 가족들과 관계가 끊어지면 모든 일가친척과의 관계도 끊어지게 된다. 그렇게 되면 지역사회에서의 모든 관계 역시 단절된다. 그래서 이슬람권 사역은 가족 단위로 전체가 개종하지 않으면 개인의 회심 이후에도 결국엔 다시 이슬람으로 돌아가는 일이 종종 일어나게 된다.

점심 식사 후 자발적으로 형제자매들이 십자군 전쟁에 대한 자신들의 생각과 수업 후 알게 된 새로운 사실 및 변화된 생각들을 나누게 되었다. 그렇게 화기애애한 분위기에서 수업이 시작되었는데, 통역을 하던 선교사님이 급하게 공항에 다녀와야 한다고 알리셨다.

무슨 일인지 정확하게 알 수 없는 상황에서 선교사님이 다시 돌아오기만을 기다려야 했다. 종교 경찰에게 발각되어 신고를 당한 것인지, 다른 급한 용무가 있어 공항에 가시는 것인지 알 수 없었다. 지금 강의 분위기가 너무 좋은데 이런 분위기를 놓치면 매우 아까울 것 같은 그런 시간이 계속 흘러갔다.

두 시간 후 권용준 선교사는 매우 피곤해 보이는 자매 한 명을 데리고 왔다. 그리고 우선 수업을 빨리 시작하자고 하셨다. 처음 보는 자매일 텐데,

학생들은 서로가 서로를 알고 있는 눈치였다. 그 자매도 반강제로 그 수업을 청강하게 되었다.

묻고 싶은 것이 많았지만 수업을 마치는 것이 우선이었다. 그 자매도 지금 상황이 무엇인지 알고 싶은 듯 가끔 응시했다. 그 자매는 다른 학생들과 다르게 어려운 역사적 사건이나 설명을 잘 알아듣고 놀라는 것 같았다. 그러니 '예사롭지 않는 사연을 가지고 여기까지 왔겠구나' 하는 생각이 들었다.

긴 휴식 시간을 주었다. 그리고 지금 내 눈앞에서 일어나고 있는 이 일에 대해서 설명을 들었다. 2달 전부터 준비해 오던 아프가니스탄 탈출 난민을 지금 막 자카르타에서 픽업해 왔다는 것이다.

A자매는 카불대학 출신이다. 카불대학은 아프가니스탄 최고의 국립대학이다. 카불국립대학을 나왔다는 것은 최고의 엘리트라는 말과 같다. 아프가니스탄의 유일한 방송국에서 기자와 PD로 일하던 A자매는 여자가 대학을 나오고 방송사에서 일한다는 이유로 탈레반에게 지목되었다. 이로써 가족들에게 살해 위협과 테러가 지속되었다.

모든 가족과 친척들이 모여 A자매를 살리기로 의견을 모으고 돈을 모아 파키스탄으로 탈출시켰다. 그곳 대사관에서 망명 신청을 하고 인도네시아로 오게 된 것이다.

나는 수업이 진행되는 그 자리에서 가장 최근에 탈레반의 핍박과 억압에서 탈출하여 생사를 건 모험을 한 자매를 눈앞에 마주하고 있었다. 카불대학을 나온 엘리트답게 영어로 의사소통이 가능했다. 영국과 아랍권 특유의 억양과 악센트가 있었지만 다행히 통역 없이 영어로 서로에게 필요한 것을 묻고 답할 수 있었다.

　A자매는 탈레반의 끊임없는 회유를 받았다고 한다. 탈레반에게 유리한 기사와 방송을 원했지만 자매는 아프가니스탄의 현실을 서방 세계에 알리기 위해 노력했다. 탈레반도 선전용으로 방송 전문가가 필요했기에 지속적으로 자매를 회유했지만 실패하자 A자매를 죽이기로 결정했다. 비밀리에 A자매를 죽이기로 계획했지만 탈레반 중에 자매의 어린 시절 친구가 있어 이 사실을 알게 되었다. A자매의 큰아버지가 모든 가족을 대표해 자매의 탈출을 결정했고, 온 가족이 돈을 모아 탈출시킨 것이다.

　A자매로부터 들은 현재 아프가니스탄의 소식은 충격 그 자체였다. 탈레반은 여학교를 폐쇄하고 모든 직장에서 여성들을 몰아냈다. 공립학교에서 여성의 공교육을 폐지하고 이슬람 율법인 샤리아법에 따라 남편이나 부모 없이는 모든 공공장소의 출입과 집 밖으로의 출입이 금지되었다.
　탈레반의 심각한 인권유린 때문에 서방의 모든 지원과 도움이 끊어졌다. 탈레반에 의해 죽은 자들보다 먹지 못해 죽은 사람들이 더 많아지고 있으며 탈레반은 이런 소식이 외부에 전해지지 않도록 철저히 모든 언론을 차단하고 있다고 한다.
　심각한 경제적 어려움으로 카불 일부를 제외하곤 전기 공급이 끊어졌고, 인터넷과 방송 및 의료 서비스가 완전히 무너져 내렸다고 한다. 이런 상황에서 아프가니스탄 사람들은 어린 딸들을 인근 아랍 국가의 남자에게 어린 신부로 팔아 그 지참금으로 연명한다고 한다. 대부분 노인들에게 비싼 값에 팔려 간다고 한다. 그렇게 성적 학대를 당하는 10대 소녀들이 점점 늘어

가는 추세라고 한다. 이뿐만이 아니다.

  탈레반은 자신들이 알라를 대신해 거룩한 전쟁을 치르고 있으니 마땅히 자신들의 수고에 대한 대가로 여인들이 성적 만족을 채워 줘야 한다고 주장하며 어린 소녀들의 인권을 유린하고 있는 상황이다. 율법으로 여성들의 권리를 박탈해 놓고 알라의 뜻으로 여인들의 삶을 유린하는 것이 탈레반 정권의 민낯이다.

  더욱 충격적인 것은 나이 많은 남편에게 팔려 간 후 장기 매매에 이용당하기도 한다는 것이다. 그들이 이런 행위를 하는 이유는 비싸게 준 지참금을 회수하기 위함이다. 이와 같은 일들에 대한 국제 사회의 철저한 감시와 보호가 필요하다고 전했다. A자매는 고국에서 벌어지는 이런 끔찍한 일들을 국제 사회에 잘 알려 질 수 있도록 하는 일이 자신과 같은 언론인이 해야 하는 사명이라고 했다.

  A자매는 자신이 취재하면서 만난 사람들 중 생계유지를 위해 매춘행위뿐만 아니라 장기 밀매를 하는 사람도 많다고 전했다. 장기 밀매가 성행한 후 비교적 초창기 때는 신장 하나의 값이 5천 불 정도였는데 지금은 장기를 팔려는 사람이 많아 1천 불도 받기 어려운 상황이라며 울먹였다. 가히 충격적인 이야기였다. 이런 일들이 21세기를 살아가는 지금 지구촌 한구석에서 버젓이 일어나고 있다니 경악을 금할 수 없었다.

  나는 아랍권 민족이나 인종들을 비난하고 싶은 마음은 없다. 하지만 이슬람이란 탈을 쓰고 사탄이 하나님의 사람들을 이렇게 끔찍하게 만들어 가고 있는 현실을 보면 분통이 터진다. 한 영혼이라도 빨리 구해 내야 하는 이유가 여기에 있다.

하나님 형상으로 지어진 하나님의 창조물들이 사탄에 의해 가장 비참하게 망가지고 있다. 교회가 이들을 구해내는 일에 최선을 다해야 하는 것은 너무나도 당연하다.

다행히 A자매에겐 여권이 있었다. 카불대학을 졸업한 졸업장과 학위 증명서를 가지고 탈출했다. 지금은 방학이어서 잠시 선교관에 머물지만 다음 주에 학교가 개강하면 JIU(자카르타국제대학교, 총장 이용규 선교사/『내려놓음』의 저자, 이하 JIU)의 입학이 예정되어 있어 학업을 계속할 수 있게 되었다.

권용준 선교사에 의하면 이렇게 파키스탄을 거쳐 인도네시아까지 한 사람이 오기 위해서는 미화로 4천 불이 필요하다고 한다. 여권이 있고 학위가 있으면 그래도 쉬운 편이라고 한다. 권 선교사는 만약 여권도 없고 신분을 증명할 만한 서류가 없으면 파키스탄이나 혹은 이란에서 브라질 영사관이나 대사관을 거쳐 브라질에 입국하여 그곳에서 여권과 신분증을 만들어 다시 인도네시아로 들어와야 한다고 설명했다. 이런 경우 8천 불에서 1만 불이 든다고 한다.

아프가니스탄에서 미화 4천 불은 큰돈이다. 8천 불, 1만 불은 어마어마한 액수다. 돈이 부족하여 비행기를 탈 수 없는 난민 가족들의 소식이 전해지면 권용준 선교사가 그 비용을 마련하여 보낸다. 선교사에게도 미화 달러 4천 불은 큰 돈이다. 8천 불, 1만 불은 더더욱 감당하기 어려운 액수의 물질이다.

탈출하는 경로가 어려워지고 탈레반의 감시가 심해지면서 탈출에 필요한 경비는 점점 더 커지고 있는 상황이며 이 과정에서 사기도 많아 검증된 브로커를 만나지 못해 재정적인 손해를 보는 난민들이 속출하고 있다고 한다.

A자매는 처음 보는 나를 붙잡고 한참을 울었다. 카불을 떠나 인도네시아로 오기까지 무려 4개월의 시간이 흘렀다고 한다. 엄마가 보고 싶다고 했다. 20대 중반의 나이는 아직도 엄마가 보고 싶을 때다.

하염없이 눈물을 흘리는 자매를 보면서 엄마를 언제 다시 볼 수 있을지 기약이 없을 때, 한 영혼이 어떤 절망감을 느끼게 되는지 알게 되었다. 그래도 절망의 끝에 희망이 싹트고 새로운 소망이 시작된다. 그 마음을 다 위로할 수는 없었지만 이런 고통을 넉넉하게 견뎌 가고 있는 이들의 모습을 보며 많은 것을 배웠다.

가야 할 길을 잃어버리면 낙심하고 주저하여 포기하는 사람들이 있다. 가야 할 길을 잃어버리면 새로운 길을 찾아가는 사람들도 있다. 이런 사람을 통해 새로운 길이 만들어진다. 이들을 통해 새로운 삶이 시작되는 것을 본다.

A자매는 엄마가 있는 고향으로 돌아갈 길을 잃어버렸다. 그렇지만 그 자매는 새로운 길 위에 서 있다. 아직 가 보지 않은 길이지만 새로운 길을 찾길 기도한다. 새로운 길을 찾지 못하면 새로운 길을 만들 수 있기를 기도한다. 함께 그 길을 가 보자고 하면 나도 앞장서 기꺼이 발걸음을 함께하련다. 젊은 자매들이 선교사님 부인을 엄마라고 부르는 이유를 알 것 같았다.

## 10. 자폭이 일상인 삶(폭력을 조장하는 공동체)

　인도네시아는 적도 남단에 위치한 나라다. 1년 내내 습기가 많고 덥다. 공항에서 내리는 순간, 사우나에 들어온 것 같은 느낌이 든다. 숨이 턱턱 막혀 온다. 봄, 여름, 가을, 겨울이 있어 시원한 계절이 있으면 좋겠지만 일 년 내내 기후 변화가 거의 없다. 그나마 소나기가 지나가는 스콜의 시간에는 살짝 시원하지만 곧바로 내리쬐는 햇볕으로 땀이 줄줄 흐른다.

　내가 살고 있는 남부 캘리포니아는 세상에서 가장 좋은 기후를 가지고 있다(지극히 개인적인 견해다). 겨울에도 비교적 온화하다. 여름엔 덥지만 습도가 높지 않아 그늘에 들어가면 오히려 춥게 느껴질 지경이다.
　내가 지내 왔던 환경과는 정반대인 에어컨도 없는 선교관에서 강의를 시작했다. 덥고 습하다. 이런 상황에선 모든 것을 포기하고 순응하는 것이 지혜롭다. 변화가 거의 없는 날씨와 환경이다 보니 일상의 많은 풍경이 비슷하다. 옷차림, 주변의 환경, 사람들의 모습, 삶이 시작되는 시간과 하루의 일상들이 그렇다. 이런 일상의 모습 속에 유독 눈에 띄는 형제 한 명이 있었다.

　아직 신학 공부를 시작한 형제는 아니었지만 언제나 신학생보다 일찍 강의실에 와서 책상을 정리하고 수업을 들을 수 있는 준비를 해 주었다. 한가지 눈에 더 띄는 것은 그의 복장이었다. 이 무더운 나라에서 목까지 완전히 올라오는 터틀넥을 고집하고 늘 소매 끝까지 손을 덮을 만한 옷을 착용했다. 때로는 모자를 푹 눌러써서 얼굴을 알아보기가 어려웠다.

이런 옷차림에도 살짝 드러나는 그의 외모가 심상치 않아 보였다. 언뜻 보이는 그의 외모는 화상으로 인해 변화되어 있었다. 손이 심하게 일그러져 있었고 한쪽 귀는 모두 녹아내려 없어져 있었다. 화상으로 인해 한쪽 시력도 상해 있었다. 어느 날 그에게 물었다.

"영어를 할 수 있어요?"

형제는 고개를 가로저었다. 그런 모습을 보니 문득 형제에 대해 궁금해졌다.

'저 형제에겐 어떤 사연이 있을까?'

강의를 어떻게 했는지 모를 정도로 형제에 대해 궁금했다. 끝내 궁금증을 이기지 못하고 선교사님께 그 형제의 사연을 물었다. 한동안 창밖을 응시하던 권용준 선교사님은 아주 담담하게 형제의 사연을 들려주었다.

### 1) C 형제 이야기

C형제도 가족 중에서 유일하게 탈레반을 피해 인도네시아로 오게 되었다. 불행하게도 형제는 부모님의 돌봄이 필요한 청소년기에 일가친척이나 형제자매도 없는 인도네시아에서 혼자 생활을 해야 했다.

인도네시아에 난민으로 와 있으면서도 난민 중엔 탈레반과 연관되어 있는 사람도 더러 있었다. 아프가니스탄에서도 조직 폭력배로 살다가 난민 사회에서까지 옛 습관을 버리지 못한 사람들이 있었다. 부모도 없이 혼자 이곳에 온 C형제는 그런 사람들에게 너무나도 손쉽게 걸려드는 먹잇감이었다.

사람의 외로움과 어려움을 이용하여 이득을 취하는 것은 가장 악한 일이다. 극한 외로움 가운데 있던 C형제도 조직의 무리 가운데서 존재감을 경험했다. 그렇게 C형제는 포악한 성품으로 자라게 되었고 자신의 화를 주체할 수 없는 성품이 형성되었다. 그러던 중 아프가니스탄에 자신과 약혼자로 있던 자매와의 갈등과 어려움이 계속되었다. 부모가 정해 준 관계였지만, 아프가니스탄과 인도네시아라는 물리적인 거리로 인해 싸움이 잦았고 어려움이 많았다. 이런 문제로 형제는 자신이 처해있는 상황을 비관하기 시작했다. 아프가니스탄은 자폭과 같은 폭력적인 상황이 일상화된 나라였기에 C형제는 자신의 몸에 기름을 붓고 스스로 불을 붙여 자살을 선택했다.

다행히 주변에 있던 여러 사람의 도움으로 불을 껐지만 C형제는 생사를 오가는 극심한 고통의 시간을 보냈다. 70퍼센트 이상이 중증 화상을 입어 소생 가능성이 거의 없었지만 하나님의 은혜로 생명을 얻게 되었다.

그런 상황 가운데 있던 형제에게 복음을 전하기 시작했다. 복음을 전하자 C형제는 자신이 살아 나가면 반드시 복음을 전한 형제와 함께 자폭해서 순교자가 되겠다며 위협을 가했다. 그의 성정을 보면 그렇게 하고도 남을 것 같았다. 같은 무슬림 형제들도 악을 쓰며 발악하는 C형제를 꺼려 했다.

화상으로 변화된 자신의 모습을 보며 온갖 행패와 악행을 주변 사람에게 퍼부었다. 그러던 중 그의 약혼녀가 극적으로 아프가니스탄을 탈출했다. 하지만 C형제도, 그의 약혼녀도 더 이상 무엇을 할 수 있는 힘이 없었다. 그때 선교사님과 그리스도인 형제자매들이 그와 약혼녀를 위해서 도움을 주기 시작했다.

비행기표와 거주할 수 있는 환경을 마련해 주기 위해 존 형는 자신의 집을 내주었다. 자신과 함께 자폭하겠다며 위협을 가한 형제가 자신의 집을 기꺼이 내주는 것을 보고 C형제는 계속해서 악을 썼다.

"나를 돕지마. 왜 나를 도와서 나로 그리스도인이 되게 하려는 거야!"

"난 도움도 받지 않고 그리스도인도 되지 않을 거야!"

"내가 화상 치료를 다 마치면 기독교인들과 함께 자폭해서 나는 천국에 갈 꺼야!"

C형제의 입에서는 끝없는 폭언과 저주가 이어졌다. 찾아오는 형제들에게 가장 모욕적인 언어를 썼고 침을 뱉었다.

그에게 복음을 전했던 존 형제는 이렇게 악행을 일삼는 C형제에게 아무런 조건도, 아무런 요구도 하지 않을 테니 약혼녀를 데리고 와서 이 집에 머물러도 좋다고 말했다. 끝까지 거부하고 원망하던 C형제는 결국엔 존 형제의 제안을 받아들였다.

존의 아내인 한나도 기꺼이 C형제 가정을 위해 가정을 오픈하고 돕는 일에 앞장섰다. 약혼녀가 인도네시아에 도착하는 날까지 전심으로 도왔다. 약혼녀가 인도네시아에 도착한 이후에는 더욱더 긍휼한 마음으로 이들을 도왔다. 이런 존과 한나의 헌신이 삶을 비관하여 스스로 몸에 불을 질러 죽으려고 했던 그의 마음을 열었다. 그렇게 그는 마음을 열고 복음을 받아들였다.

마음을 열고 하나님의 은혜와 사랑을 경험한 C형제는 그 누구보다도 사랑을 베풀고 헌신하는 형제가 되었다. C형제의 회심은 곧 난민으로 나와 있는 아프가니스탄 사람들에게 삽시간에 알려지기 시작했다.

난민 중에 있던 종교 경찰은 그를 죽이겠다며 달려들었다. 탈레반 중에

C형제를 조직에 끌어들였던 사람은 그를 폭행하기 시작했다. C형제는 그들의 주먹질과 발길질을 온몸으로 받아들였다. 그는 이렇게 고백한다.

그 발길질, 그 주먹질, 욕, 그 모든 것이 지금까지 자신이 살아온 삶이었다고. 그러면서 그는 주먹과 발길질에 맞아 육체가 아픈 것보다 예수님을 모르는 그들의 영혼이 불쌍하게 느껴졌다고 고백했다.

C형제의 회심은 결과적으로 난민공동체에 큰 파장을 불러일으켰다. 죽음의 문턱을 이미 경험한 그는 무서울 것이 없었다. 복음을 증거하다 죽어도 좋다고 각오하며 복음을 전했다. 그는 손가락과 귀를 잃고, 한쪽 시력마저 잃어 가고 있었지만 영혼을 향한 불타오르는 마음을 얻었다.

C형제의 사례에서 보듯 종교를 가장한 폭력이 일상화된 삶이 이슬람의 세계관이다. 상대에게 폭력을 가해도 순교라는 단어로 포장된다. 자폭이라는 사탄의 수법을 천국으로 가는 길이라며 거짓으로 유혹한다. 이런 모든 일상의 폭력을 끊어야 한다. 오직 예수님의 십자가만이 이들의 명분 없는 폭력을 중단시킬 수 있다.

### 2) 폭력의 일상화

아프가니스탄엔 폭력이 일상이다. 폭탄이 터지는 것이 일상이 되었다. 지뢰도 많아 사용하지 못하는 땅도 많다. 특별히 학교와 관련된 폭력이 일상처럼 일어나고 있다. 여자들의 교육을 전면 통제하고 있다.

탈레반은 이슬람의 율법인 사리야법을 통치 기반으로 내세웠다. 학교에 폭탄 테러를 하는 이유는 분명하다. 폭탄 테러의 공포로 스스로 학교를 그만두게 하려는 것이다.

여기 선교사님이 긴급하게 보내온 편지를 소개한다. 편지를 읽으면 얼마나 폭력이 일상화되어 있는지 알 수 있다.

사미러 자매

30일 아침 7시경에 카불 다스테 바르치 지역(하자라 종족 집단 거주지) 학원에서 폭탄이 터져 공부하고 있던 많은 어린 학생과 선생님이 죽고 다쳤습니다. 사미러라는 믿음의 자녀가 다니던 학원입니다만 감사하게도 몸이 아파 학원에 가지 못해 큰 사고를 피하게 됐습니다. 그러나 함께 공부했던 친구들의 죽음에 큰 충격을 받아 슬픔과 공포에 떨고 있습니다.

오늘 이 공포를 이기게 해 달라고 간절히 기도 부탁을 해 왔습니다. 사미러 자매가 주님의 은혜로 공포를 이겨내고 평안을 찾을 수 있도록 자매의 안전을 위해서 간절히 기도 부탁드립니다. 더불어 도움의 손길이 이어져(5,000$) 사미러 자매가 아프가니스탄에서 이곳 인도네시아로 탈출할 수 있도록 거듭 기도 부탁드립니다.

우크라이나 사태가 장기화되다 보니 이곳에 있는 난민들이 간접적으로 큰 어려움을 당하고 있습니다.

아프가니스탄에 탈레반 정부가 들어선 후 특별히 하자라 종족들이 핍박으로 어려움을 당하자 국제 사회에서 관심을 갖고 돕기 시작해서 미국 등 제3국에서 이들을 받아들여 큰 희망이 보였는데 우크라이나 전쟁이 발발하고 더불어 국제 사회에서의 관심도 대폭 우크라이나로 집중되다 보니 이곳 인도네시아에 있는 난민들은 다시 정체가 됐습니다. 많이들 낙담하고 있습니다.

특히나 UN 등으로부터 아무런 도움을 받지 못하고 방치돼 있는 이곳 보고르 뿐짝 지역의 3,500여 명의 아프가니스탄 난민들에게는 직격탄이 돼서 하루하루를 슬픔과 낙담 속에 버텨 가고 있습니다. 국제 사회가 이들에게 더 큰 관심을 가지고 도울 수 있도록 기도 부탁드립니다.

저희 믿음의 공동체 형제자매들도 마음을 모아 전심으로 여러분들의 건강과 안전 그리고 형통한 축복을 통해 더 많은 난민을 도울 수 있도록 간절히 기도하고 있습니다. 이곳 난민들, 특별히 믿음의 형제자매들을 위해 기도 부탁드립니다.

폭력에 노출되어 있는 사람들이 여인들과 아직 어린 학생들이란 것은 가히 충격적이다. 일상에서 너무나도 빈번하게 노출되어 있는 폭력적인 상황 때문에 극단적인 이슬람 형제들은 자신들의 가치를 소중하게 생각하지 않는다. 극단적인 테러에 자신의 몸을 돌보지 않는다. 이슬람의 거짓된 속임수로 폭력을 천국에 들어가는 순교로 미화하여 거짓된 죽음으로 몰아간다.

아무리 궁극적인 목표가 선한 의도일지라도 그 목표를 이루어 가는 과정도 매우 중요하다. 이슬람이 주장하는 거룩한 전쟁과 순교는 선한 목적도 선한 과정도 없다. 그저 영적인 무지에서 나오는 폭력일 뿐이다. 이런 폭력은 어떤 이유로도 정당화되어선 안 된다. 그 폭력의 대상이 연약한 여인들과 어린아이들이라면 더더욱 그렇다.

폭탄 테러 이후에도 사미러 자매는 신앙을 지키고 "죽으면 죽으리라"고

고백하며 자신들이 당하고 있는 폭력과 신앙의 고백을 널리 알려 달라고 부탁했다. 자매의 신분을 노출하는 것에 대해 매우 염려스럽고 걱정스럽다.

　자신이 위험해질 수 있지만 '죽으면 죽으리라'는 신앙을 고백하는 이들의 모습에서 참다운 신앙이 무엇인지 정확하게 알 수 있다. 이들에게 평화의 복음이 빨리 전해져서 진정한 평화가 아프가니스탄에 임하기를 기도한다.

### 3) 또 다른 폭력 사건

　요 근래 긴급하게 선교사님이 요청하신 기도 제목을 소개하고 싶다. 탈레반이 얼마나 악한지, 또한 아프가니스탄에 구원의 손길이 얼마나 필요한지 알려지는 것이 중요하다. 할 수만 있다면 국제 사회에 널리 알려져 더 이상의 폭력과 억압이 나타나지 않도록 해야 한다.

　지금 소개되는 사례들은 그래도 공동체에 기도를 요청할 수 있는 상황이다. 이렇게 자신들이 처해있는 상황을 알릴 수조차 없는 상황에 놓여있는 사람이 훨씬 많다는 것을 인식해야 한다.

> 긴급으로 기도 부탁드립니다.
> 
> 아프가니스탄에 있는 믿음의 형제인 바키르(Baqir, 10개월 전 예수님 영접, 가정교회 리더)로부터 온 긴급 기도 요청입니다.
> 
> 약혼녀 파티마(Fatima, 22세, 5개월 전 예수님 영접)가 카불 소재 라바니(Rabani)대학의 심리학과 1학년에 재학 중에 있습니다. 기숙사에서 생활하는데, 탈레반이 여자들이 대학에 다닌다고 계속 협박하다가 몇 주 전에 음식에 독을 타 3명의

여학생이 사망한 사건이 있었습니다.

어제 이 대학에서 또 탈레반이 음식에 독을 탔는데 여학생들이 모르고 음식을 먹고 많은 학생이 병원에 실려 가 있다고 합니다.

파티마 자매도 현재 병원에서 치료 중입니다만 상태가 안 좋아 긴급으로 기도 부탁 요청이 왔습니다. 잠시라도 간절히 두 손 모아 주시기를 간곡히 부탁드립니다.

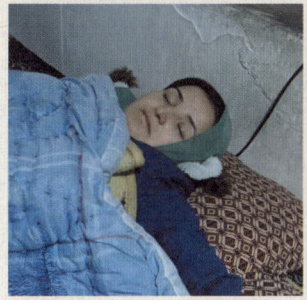 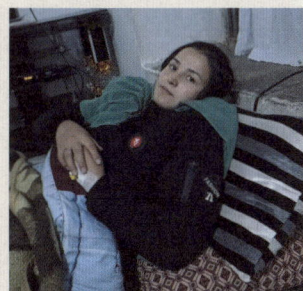

다행히 건강을 회복 중인 상황

이러한 테러가 빈번하게 일어나고 있다. 문제는 이런 사건들이 외부에 알려지지 않고 있다는 것이다. 아프가니스탄 사태 이후 현지에 남아 있는 사람들에 대한 심각한 인권 침해 사건과 테러가 서방에 알려지지 않아 생명의 위협 속에서 살아가는 이들의 실상이 잘 알려지지 않고 있다.

파티마 자매는 다행히 하나님께서 회복의 은혜를 베풀어 주셔서 쾌차하고 있다는 소식을 받았다. 그래도 친구들 3명이 목숨을 잃어 정신적인 충격이 크다며 함께 기도해 주길 요청해 오셨다.

이렇게 테러를 하는 이유는 학생들이 스스로 학교를 그만두기를 바라기 때문이다. 이는 탈레반이 국제 사회에 변명하기 위해서다. 스스로 그만두면 자신들의 책임이 아니라고 변명할 수 있기 때문이다.

예수님께서 우리가 당하실 모든 폭력을 당하셨다. 예수님이 채찍에 맞으셨고 매를 맞으셨다. 아프가니스탄 형제자매들은 예수님이 당하신 폭력과 억압에 동참하고 있다.

한국 교회도 고통과 아픔 속에서 성장하고 자라났다. 순교의 피와 고통, 아픔을 이겨 내는 순교의 신앙이 자랑스러운 한국 교회를 만들어 냈다. 아프가니스탄의 가정교회는 폭력에 노출되어 있다. 안타깝다. 도와주고 싶다. 간절히 기도한다. 어떠한 폭력과 위협 속에서도 이들이 소유한 예수님에 대한 신앙을 저버리지 않기를. 오히려 신앙이 무럭무럭 자라 많은 영혼에게 참신앙의 모본으로 우뚝 서기를 기도한다.

오랫동안 결실이 풍성하거나 평안한 삶을 살아가는 사람들이 있다. 단 한 번도 평안하고 안정적인 삶을 살아보지 못한 삶도 있다. 우리는 어떤 인생이 좋은 인생인지 너무 쉽게 결론을 내린다. 사도 바울의 명성과 영성을 칭찬하지만 바울이 살아왔을 고통과 십자가의 삶은 외면당하는 시대를 살아가고 있다.

나는 어떤 사도 바울을 기억하고 있을까?

내가 기억하고 있는 바울의 삶이 내면에 지향하고 있는 내가 원하는 삶일 것이다.

나는 어떻게 기억될까?

나는 어떻게 기억되길 원하나?

나는 아프가니스탄과 난민들에 대해서 어떤 기억을 공유하고 있나?

평안하고 평탄하지만 기억되지 않는 삶과 고통, 아픔 속에서도 기억되는 삶. 나는 하나님께 어떤 삶으로 기억될까?

역사는 기억되는 것이다. 역사는 기억되는 대로 전해지고 가르쳐지는 것이다.

### 4) 또 다른 유형의 폭력에 내몰린 형제 이야기

폭탄이 터지고 죽음에 몰리는 일은 아프가니스탄 내에서만 일어나는 일이 아니다. 인도네시아에서 난민으로 살아가고 있는 이들 역시 폭력과 살해 위협에 시달리고 있다.

지금 소개하는 형제의 이야기는 아프가니스탄에서도 폭력에 시달리고 있으며 현재 난민으로 나와 살아가고 있는 상황에서도 폭력과 살해 위협에 시달리고 있는 이야기다.

선교사님을 통해서 전해진 형제의 이야기를 소개한다.

### 알리 악바리(Ali Akbari) 형제 이야기

2022년 3월에 예수님을 영접하고 은혜를 받아 열심히 성경 공부를 하며 앞으로 게이트웨이에서 신학 공부를 해서 하나님의 말씀을 전하는 주의 종이 되겠다고 서원하고 신실하게 신앙생활을 하고 있는 형제입니다. 2014년도에 이곳에 와서 난민이 돼 수마트라 지방에서 체류하고 있습니다.

하나님께서 부어 주신 은혜로 7월에는 8년간 떨어져 있던 아프간 조구리 지역에서 사는 이에게 예수님을 전했습니다. 문제는 장인이 물라(이슬람 목사)인데 이 사실을 듣고 화가 나 당장에 이혼을 시켰습니다.

복음으로 인해 가족과 단절된 슬픔에 빠졌지만 작년 10월에 아네르 수련회에서 세례를 받고 다시 은혜를 회복하여 오직 믿음으로 살겠다며 수마트라로 돌아갔습니다. 그런데 11월경부터 악바리 형제가 예수님을 믿고 전도를 한다는 사실을 안 인도네시아 무슬림들이 이 형제의 숙소로 칼을 가지고 와서 죽이겠다고 협박을 했습니다.

그 후 계속해서 인도네시아 무슬림들이 교대로 숙소로 찾아와 살해 협박을 해서 생명의 위협을 느낀 형제가 유엔난민기구와 이민국 경찰에 신고를 했습니다. 무슬림에서 기독교로 개종해서 벌어진 사건이라 큰 도움을 받지 못하고 있는데, 3일 전에 이민국 경찰들이 와서 비웃으며 신변 안전을 책임져 주지 못하겠다, 그러니까 방 안에만 있던지 아니면 수마트라 지역에서 떠나라고 통보했습니다.

유엔에서는 무조건 기다리라고만 해서 참다 못한 형제가 어젯밤에 수마트라를 떠나 오늘 새벽에 이곳 보고르로 왔습니다.

알리 악바리 형제

예수님을 믿어서 이혼을 당하고 인도네시아 무슬림으로부터 생명의 위협을 당하는데도 경찰에서는 도와주지 못하겠으니 떠나라는 황당한 사건이 가뜩이나 오랜 난민 생활로 지쳐 있던 형제의 마음을 아프게 했습니다.

오늘 아침에 함께 기도하던 중 형제가 은혜를 받고 더 결연하게 신학을 공부하고 목사가 돼서 아프가니스탄 사람들과 이슬람에게 복음을 전하겠다고 눈물을 흘리며 고백하는 모습을 보며 하나님이 이 형제를 참으로 사랑하시고 이 형제를 복음의 일꾼으로 쓰시고자 하는 큰 계획이 있으심을 확신하게 됐습니다.

이 '알리 악바리' 형제를 위해 다음과 같이 기도해 주십시오.

- 현실에 타협하지 않고 지금처럼 끝까지 담대한 믿음을 가지고 복음을 전하는 일꾼이 되도록….
- 게이트웨이신학교에 입학해서 신학생이 돼 하나님의 말씀을 잘 공부하고 주의 종이 되도록….
- 이곳에서 체류하는 동안 필요한 재정을 돕는 손길이 이어져 예수님의 사랑을 나눌 수 있도록….

> 항상 성령님을 의지하며 기도하는 신실한 일꾼이 되도록 마음을 모아 주시기를 간곡히 부탁드립니다.

난민으로 나와 있는 인도네시아 난민 센터 사람들은 본국인 아프가니스탄의 가족들과 여전히 밀접하게 연관되어 있다. 대다수의 난민은 혼자 이곳에 와 있는 경우가 허다하다. 이런 상황에서 예수님을 믿는다는 이유로 본국의 가족들이 위협을 당하거나 가족들과 이혼, 단절과 같은 정서적 폭력에도 노출되어 있다.

난민이라는 이유로 차별을 받는 상황에서 인도네시아 무슬림으로부터 당하는 폭력과 살해 위협도 이들에게는 큰 위험이다. 이런 비슷한 상황에 놓여 있는 형제자매들이 상당수에 달한다.

이들은 위험한 줄 알면서도 자신들의 이야기가 널리 알려지길 바란다. 그들이 위험을 감수하는 이유는 단 하나다. 아프가니스탄은 어떤 희망과 소망을 기대할 수 없기 때문이다. 오직 예수님의 사랑과 회복, 위로만이 이들에게 소망이 되기 때문이다. 예수님을 전하는 것만이 이들을 절망의 구렁텅이에서 구출할 수 있는 유일한 길이다.

이들은 믿는다. '죽으면 죽으리라'는 순교의 신앙만이 아프가니스탄을 변화시킬 수 있음을 ….

## 11. 오골계(검은 닭)라고 생각하면 돼(환경 개선이 시급한 이유)

수요일 저녁, 식사를 마치고 선교사님이 급하게 같이 가야 할 곳이 있다며 동행하자고 하셨다. 얼마 전 난민 캠프에서 나와 선교사님이 마련해 준 방으로 거처를 옮긴 가정을 심방하는 일이었다.

인도네시아의 교통은 끝을 알 수 없는 정체로 유명하다. 이 트래픽이 시작되면 언제 차가 움직일지 알 수 없기에 선교사님은 서두르셨다. 난민들은 경제적인 활동을 할 수 없기에 아프가니스탄에서 가족들이 돈을 보내오거나 선교사님이 선교비를 통해서 이들의 삶을 도와야 하는 형편이다.

선교사님이 심방한 가정은 아직 초신자 가정이기에 자주 심방이 필요하고 신앙 점검이 요구됐다. 특별히 경제적으로 너무 어려운 가운데 있었기에 기독교로 개종한 이후에도 경제적인 도움을 주는 가족들로 인해 다시 이슬람으로 돌아가는 가정이 많다고 한다. 그래서 초신자 가정일수록 세심하게 돌봐야 한다.

마침 미국에서 선생님이 오셨다며 선교사님이 심방을 요청하셨다. 심방을 하기 위해 가는 동안 골목길을 수없이 지나야 했다. 목적지에 거의 도착했을 무렵, 그곳은 마을 어귀의 시장이었으므로 공용 주차장에 차를 세우고 시장 골목을 끼고 심방하는 가정을 찾아갔다.

이슬람 국가이기에 인도네시아는 닭고기를 주로 먹는다. 많은 음식이 닭을 주재료로 삼는다. 아프가니스탄도 최고로 대접하는 음식이 닭고기다. 그래서 시장 어귀에는 닭고기를 파는 상점이 꽤 많았다. 무심코 시장을 지나면서 이런 생각을 했다.

'어! 검은 닭고기도 있네?'

그 닭고기를 보았을 때 한국의 오골계(까마귀 오란 한자를 써서 까마귀색을 가졌다는 의미의 닭)가 연상되었기에 이곳도 오골계 같은 종류의 닭이 있을 것이라고 생각했다. 그런데 오토바이가 굉음을 내며 그 가게를 지나치자 검정색이었던 닭은 본연의 색으로 돌아왔다. 닭이 검정색이었던 이유는 파리 때문이었다. 생닭에 파리가 달라붙어 있어서 검게 보였던 것이다.

너무나도 비위생적인 상황과 환경에 노출되어 있었다(나는 이런 환경을 비난하려는 의도는 없다). 파리뿐만 아니라 집 주변에는 배수가 잘되지 않았다.

매일 비가 오는 환경인데 배수가 잘되지 않으니 해충이 살기에 아주 좋은 환경이 되었다. 같은 이유로 악취가 심했다. 그 악취가 고스란히 바람을 타고 올라올 때마다 역겨웠다. 비염으로 냄새에 그리 민감하지 않은 내가 이 정도라면 정상적인 건강 상태에 있는 사람은 견디기 쉽지 않을 것이다.

배수가 잘되지 않는 배수로 주변에는 쥐가 자주 출몰했다. 하수구와 배수로가 뒤섞여 쥐와 해충과 모기가 서식하는 거대한 물웅덩이가 만들어져 있었다. 이런 물웅덩이를 끼고 판자촌 같은 엉성한 집들이 얼기설기 섞여 있다.

이러한 곳에 방 한 칸 정도 겨우 만들어 놓은 집에서 난민들이 살아가고 있다. 누가 봐도 참 어려운 주거 환경이다. 그런데도 이런 집이라도 있는 것은 축복이다. 난민촌에서 사는 사람들에 비하면 이곳은 오성급 호텔이다.

선교지에 갈 때마다 나는 철저하게 위생적인 문제에 대해서 교육한다. 제자들교회가 위치한 캘리포니아 남부는 멕시코와 국경을 접한다. 교회에서 3시간을 달려 샌디에이고를 통과하면 바로 멕시코 국경을 통과하게 된다.

우린 토요일과 월요일에 멕시코 빈민 지역에서 아이들에게 급식을 제공하는 사역을 해 왔다. 그 지역은 쓰레기 매립장 인근에 위치한 빈민가이기에 환경이 열악한 곳이다. 선교지에서 먹는 물과 음식에 각별히 주의를 주고 교육을 한다. 물은 병에 든 것 외에는 절대로 마시지 말라고 당부하지만 선교지에서 물과 음식을 주면 그것은 늘 내 몫이었다.

나는 그때마다 죽음을 각오하고 주는 물과 음식을 먹는다. "무슨 독을 마실지라도 해를 받지 않는다"고 하셨지만 마시지 않으면 걱정하지 않아도 되는 일이다. 일부러 독을 마실 필요는 없다.

멕시코 선교지에서 주는 물을 마셨다가 장염에 걸려 2달 동안 설사와 고열로 죽음의 문턱까지 간 일은 나에게 끔찍한 경험이 있었다. 그런 경험이 있었기에 선교지에서 물과 음식에 주위를 기울이는 습관이 자연스럽게 생겼다.

불길한 예감은 전혀 틀리지 않는다. 선교사님을 따라 들어선 가정에 닭으로 요리된 음식이 준비되어 있었다. 아프가니스탄 고유의 음식이라고 했다. 이분들은 자신들이 가지고 있는 식재료를 가지고 최선을 다해 음식을 준비한 것이다. 이분들이 제공한 닭을 보는 순간 시장을 지나쳐 오며 봤던 닭이 떠올랐다. 파리 떼가 새까맣게 달라붙은 검은 닭이다.

아, 왜 이런 시련의 시간은 피해 가지 않는 것인지. 이 잔을 내게서 옮겨 달라고 기도했어야 했다. 나는 잘 알고 있다. 내가 이것을 거절하면 이들과 형제자매 관계를 맺을 수 없다는 것을. 하지만 시장을 지나며 보았던 장면

이 계속 떠올랐다. 이미 숙소에서 저녁을 먹고 온 데다 비위생적인 현장을 목격하고 난 후였기에 엄청난 갈등이 몰려왔다.

우리에겐 여전히 끝까지 이해할 수 없는 것들이 많다. 객관적인 상황을 이해해 보려고 해도 언제나 세상은 공평해 보이지 않는다. 전쟁과 질병, 폭력과 아픔의 문제와 함께 살아내야 하는 삶의 환경도 때론 상상하기 어려울 정도로 비극적인 삶도 있다. 얼마나 비극적인지 외면하고 싶을 정도다.

다시 한번 깨닫는다. 선교란 거창한 것이 아니라 이렇게 끔찍해 보이는 비극과 같은 환경을 마주 대하는 것이다. 외면하고 부정하고 싶은 것일수록 더욱 가까이 두고자 노력하는 것이 선교적 사명이다.

어쩌면 이런 비극적인 상황들은 누군가의 외면으로부터 시작된 것일 수도 있다. 이들이 이런 환경에 살아가기 전, 누군가로부터 단 한 번의 시선과 관심을 받았더라면 이런 비극과 환경 속에서 살아가지 않아도 되었을 것이다. 이젠 누군가가 그들을 외면하지 않고, 그들이 있는 자리에 함께 서 있는 것이 필요하다.

나에겐 그들의 환경을 개선할 만한 힘이 없다. 내겐 그들에게 좋은 집과 깨끗한 물을 조건 없이 공급해 줄 만한 능력이 없다. 그들이 겪고 있는 질병과 고통, 우글거리는 파리와 살을 헤집고 파고 들어오는 해충과 모기를 물리쳐 줄 수 없다. 나는 그저 그들이 있는 곳에 갔을 뿐이다.

주는 물을 함께 마셨고 그들이 먹는 음식을 함께 먹었을 뿐이다. 그저 2주도 채 되지 않는 시간 속에서 함께했을 뿐이다. 그저 함께 있었을 뿐인데 그들에게 큰 변화가 나타났다. 그저 그들과 함께 있었을 뿐인데 나는 돌이킬 수 없는 엄청난 변화와 축복을 경험할 수 있었다.
　이런 변화가 선교가 주는 묘미가 아닐까?

　내가 미국에 있었더라면, 내가 한국에 있었더라면, 절대로 가까이하지 않았을 그것들이다. 내가 미국에 있었더라면 절대로 먹지 않았을 것들이다. 내가 미국에 있었더라면 나의 아이들에게 절대로 권하지 않았을 것들이다. 일부러 비위생적인 환경에 노출될 필요는 없다. 그러나 한 번쯤 이해할 수 없고 납득할 수 없는 환경에 스스로를 던져 넣는 무모함을 통해 이 땅에 오신 예수님의 성육신을 이해해 보려 노력한다. 그것이 이 땅에 있었던 하나님의 선교이다.

　뇌도 목욕을 시켜 주지 않으면 벗겨지지 않는 때가 낀다. 뇌에 낀 녹은 생각의 녹과 때로 이어진다. 처음 녹이나 때가 끼면 문제가 되지 않는다. 녹과 때가 벗겨지지 않을 정도로 굳어지면 문제가 발생한다. 녹과 때가 뇌를 갉아먹기 때문이다. 오랫동안 타성에 젖어 버리면 그 녹과 때를 절대로 벗어 버릴 수 없다. 웬만한 것으론 생각과 습관을 바꿀 수 없다. 차라리 충격적일 만큼의 사고가 일어나야 그 녹과 때를 벗겨 새롭게 될 수 있다.
　나는 나의 뇌와 생각 체계에 긴급 명령을 내리기 시작했다. 나의 뇌리와 기억 속에 잠재해 있던 오골계를 생각했다. 검은 닭도 있다. 검은 닭은 비싸다. 검은 닭은 건강에 좋은 닭이다. 검은 닭은 내가 살던 시골에서 최고의 닭이었다.
　'그래, 오골계라고 생각하면 돼!'
　나는 이렇게 뇌를 목욕시켰다. 내 안에 위생이라는 관념과 생각, 삶의 습관을 일시에 무너뜨려야만 이 낯섦을 뛰어넘을 수 있다. 위생이라는 고정 관념으로 접속하면 난 절대 이 난관을 극복할 수 없다. 위생의 관점이 아니라 대상의 개념을 바꾸는 전환이 필요했다. 오골계가 나의 구원이었다.

'오골계라고 생각하면 돼. 까마귀보다 더 새까만 오골계는 몸에도 좋고 더 좋은 것이야!'

혼자 되뇌어 보았다. 그런 내 모습을 눈치챘는지 선교사님이 말씀하셨다.

"배부르시면 안 드셔도 됩니다. 억지로 드시지 마세요."

난 닭고기를 제일 좋아한다. 어려서 자란 시골엔 오골계가 흔했다. 그리고 난 참 오골계를 좋아했다.

'오골계라고 생각하면 돼!'

왠지 건강한 몸이 되는 것 같았다. 나는 계속 생각했다.

'삼복더위에 삼계탕을 먹지 않으니, 무더운 날씨가 계속되는 인도네시아에서 닭은 최고의 보양식이지!'

## 12. 침례(세례) 전날 사라진 형제, 2년 만에 다시 나타나다!

D형제는 신실한 형제다. 말이 없다. 아프가니스탄에서 탈출한 지 7년이 됐다. 아직 아내는 아프가니스탄에 있다. 일찍이 돈을 벌기 위해 이란으로 탈출했다. 돈을 벌어서 아내에게 보냈다. 미군이 철수하고 탈레반 정권이 들어서자 친이란 세력이라고 몰아세워 형제는 할 수 없이 망명을 선택했다. 아내를 데려오려고 많은 노력을 했지만 아내는 아프가니스탄을 떠나지 않겠다고 결심했다.

아내의 가정은 강력한 이슬람 지도자 이맘의 가정이다. D형제는 소리 없이 예수님을 영접했다. 영접한 이후에도 조용한 그의 성격 때문에 별로 눈에 띄지 않았다.

선교사님이 침례(세례)에 대해서 설명하고, 믿는 사람은 신앙고백을 반드시 해야 한다고 도전했다. 신실한 D형제는 착실하게 침례 교육도 받았다. 신앙 간증문도 훌륭했고 믿음에 대한 고백도 분명했다. 이제 침례식이 있는 날 참석하기만 하면 되는 상황이었다.

선교사님도 그가 참석할 것을 믿어 의심하지 않았다. 이슬람에서 기독교로 개종하여 예수님을 영접해도 침례를 받아야 안심할 수 있다. 막판에 종종 침례를 거부하고 다시 이슬람으로 돌아가는 경우가 있었다. 그래도 D형제는 믿어 의심하지 않았다. 말이 없는 만큼 늘 진중하고 신중한 결정을 내리고 한 번 내린 결정에는 최선을 다하는 그를 가까이에서 지켜봤다. 그러나 항상 믿는 도끼에 발등을 찍힌다. 믿었기에 그 발등은 무척 아팠다.

침례식 날, D형제는 교회에 오지 않았다. 그 후 D형제는 연락을 끊고 흔적도 없이 사라져 버렸다. 선교사님이 받은 충격은 너무나도 컸다. 종종 다시 이슬람으로 돌아가는 형제자매들을 보며 가슴 졸이며 마음 아파했었다. 그런데도 선교사님이 D형제에게 느낀 배신감은 이전 것과는 비교할 수 없을 만큼 너무 컸다. 함께 침례를 준비했던 형제자매들도 무척 놀란 눈치였다. 신실한 형제가 마지막 순간에 침례를 거부하고 사라졌기 때문이다.

2년의 시간이 흐른 뒤 강의가 진행되던 목요일 오전에 선교사님은 문자 한 통을 받았다. D형제가 보낸 문자였다. 그는 선교사님에게 심방을 요청했다. 오후 강의를 마친 후 두 시간 거리에 위치한 자카르타 인근의 작은 마을로 D형제를 찾아갔다.

선교사님의 통역으로 전해 들은 D형제의 이야기는 너무나도 놀라웠다. D형제는 예수님을 영접한 후 영적인 갈등을 겪었다. 예수님이 하나님의 아들이란 분명한 믿음을 가졌지만 아내와 가족들에게 예수님을 영접한 사실을 전하는 것이 쉽지 않았다. 자신의 아내는 가장 강경한 이슬람의 교리를 따르는 이맘의 딸이다.

예수님을 영접한 이후 6개월이 지난 어느 날, 아내에게 자신이 예수님을 영접했다는 고백을 했다. 예상대로 아내는 이 모든 사실을 자신의 아버지에게 알리고 다시 이슬람으로 개종하지 않으면 가족과 함께 자폭하겠다며 남편을 위협했다. 말이 없고 진중한 성격이었기에 그가 겪고 있는 영적인 갈등과 어려움을 선교사님과 주변의 사람들에게 알리지 않고 혼자 기도했다. 이런 어려움과 갈등이 진행되고 있는 상황에서 침례를 받아야 했던 것이다.

D형제는 매일 전화와 줌을 통해 아내와 가족들에게 복음을 전했다. 하지만 아내와 가족들의 마음은 좀처럼 움직이지 않았다. 하나님께 간절히 기도하면 할수록 아내는 더욱 거세게 저항했고 결국엔 자신의 아버지에게 이런 사실을 이야기하게 되었다. 그 이후 치열한 영적 전쟁은 생사를 오가는 상황으로 발전하게 되었다. D형제를 찾아서 죽이고 인도네시아 내 권용준 선교사와 교회에도 테러를 가하려는 계획이 시작된 것이다.

인도네시아에 와 있는 탈레반에게 D형제와 교회의 선교사님의 정보가 전해졌다. 인도네시아 난민 가운데 있었던 종교 경찰이 그날부터 선교사님과 교회공동체를 감시하기 시작했다.

D형제는 차마 이런 사실을 알릴 수 없었다. 자신 때문에 선교사님과 교회에 어려움이 발생하는 것을 원치 않았다. 침례 일정이 다가올수록 아내의 위협은 더욱 심해졌다. 심지어 아들과 함께 자폭하여 죽겠다는 살해 위협이 계속되었다. D형제도 결단을 했다. 아내를 복음으로 변화시키기 전에는 침례를 받지 않겠다고 말이다.

그 후 D형제는 조용히 공동체를 떠났다. 그리고 그날부터 아내에게 집중적으로 전도하기 시작했다. 지난 2년 동안 단 하루도 빠지지 않고 성경 말씀과 복음에 대해서 전했다. 극렬하게 반대하던 아내도 1년이 지나자 예수님을 믿는 것에 대해선 인정하지만 자신에게 복음을 전하진 말라고 말했다. 조금씩 진전이 있었지만 피가 말리는 시간을 보냈다고 D형제는 전했다.

2년 동안의 전도를 통해서 D형제의 아내와 아들들이 모두 예수님을 자신들의 구주와 하나님으로 받아들였다. 딸과 외손자들이 그리스도인으로 개종했다는 소식을 들은 아내의 아버지는 극대노했다. D형제의 장인어른은 지금까지 사위가 망명 생활을 하고 있기에 딸과 손자들을 돌보아 왔다. 딸이 그리스도인이 되자 장인어른은 딸을 집에서 내쫓았다.

D형제는 아내가 믿음으로 굳건하게 서도록 위로한 후 이제는 예수님을 구주로 고백하는 침례를 받겠다고 가족들에게 알렸다. 아내도 기꺼이 동의했다. 자신들도 기회가 주어지면 침례를 반드시 받아서 신앙고백을 하겠다고 결단했다.

선교사님의 통역을 통해 전해 들은 것은 대략 이런 내용이었다. 선교사님과 D형제는 서로 부둥켜안고 울었다. 선교사님은 형제의 등을 토닥이며 왜 이야기하지 않았냐고 물었다.

혼자 얼마나 힘들고 어려웠을까?
얼마나 간절한 시간과 상황이었을까?
감히 짐작도 되지 않지만 아프가니스탄 형제자매들에게 신앙고백이란 이처럼 목숨을 걸어야 하는 결단과 고백이다.

나는 20세가 되던 5월 초, 비가 내리던 날 충북 영동의 한 시냇가에서 침례를 받았다. 그날에 대한 나의 기억은 이렇다. 단편적으로 생각나는 것을 나열해 보겠다.
'5월이었지만 추웠다. 흙탕물, 물에 젖어 축축한데 나에게 와서 둘러싸고 기도하는 통에 옷을 갈아입지 못한 찝찝함, 옷 갈아입을 곳이 없어 불편하게 옷을 갈아입었다.'
이것이 바로 나에게 남아 있는 침례에 대한 기억이다. 다시 침례를 받을 수는 없지만 내 생각 속에 있는 침례에 대한 기억은 다시 재침례를 받아야 할 판이다. 나의 침례에 대한 기억이 떠오르자 이런 생각이 들었다.
'내게 저들을 가르칠 자격이 있을까?'

D형제는 침례를 받았다. 온 가정이 예수님을 영접했다. 하나님의 자녀가 되었다. 침례식에 직접 참여하지는 못했지만 미국으로 입국 후 D형제가 침례 교육을 받고 있다는 연락을 받았다. 마음 같아선 인도네시아로 날아가고 싶었다.
이들에게 침례의 의미는 무엇일까?
내 기억 속에 남아 있는 나의 침례에 대한 기억과는 완전히 다른 기억일 것이다.

## 13. 삼겹줄보다 더 튼튼하고 촘촘한 하나님의 네트워크

내가 교회를 개척한 곳은 남가주에 위치한 렌초 쿠카몽가 지역이다. 이름도 생소하고 지역도 낯설다. 처음 이 지역을 방문한 날은 210번 고속도로가 처음 개통하던 날이었다. LA 북동쪽으로 60마일 떨어진 렌초 쿠카몽가는 아직 한인들에게 잘 알려지지 않은 지역이었다. 이곳에 한인 교회가 전무한 그때 교회를 개척하게 되었다.

13년 전의 일이다. 지금은 아마존 서부 물류 창고 본사가 이전하면서 급격한 현대화와 도시화가 이루어지고 있다. 개척 3년 후 골든게이트신학교가 게이트웨이라는 새로운 이름으로 이전했다.

신학교가 이전하면서 지역에 유일한 한인 교단 교회였기에 나는 자연스럽게 학교 관계자들과 목회자들을 접할 수 있는 기회를 갖게 되었다. 또한 자연스럽게 목회학 박사 과정도 공부를 할 수 있는 기회가 주어졌다. 팬데믹이 길어지면서 미루어 두었던 목회학 박사 과정을 시작했다. 주어진 상황과 기회에 따라 공부하게 되었지만 내면에선 이런 물음이 지속되었다.

'지금 이때에 박사 공부가 왜 필요한가?'

몇 번을 되묻고, 물어도 분명한 응답이나 하나님의 인도하심을 확신하지 못했다. 다만 시간을 낼 수 있을 때 공부를 해 두자는 것이 박사 과정 공부를 시작하게 된 주요 동기였다. 그렇게 우연히 시작된 공부로 인도네시아 신학교에서 강의를 할 수 있는 최소한의 자격을 갖추었다. 물론 석사 과정 이상을 이수하면 강의를 할 수 있지만 그래도 교단 신학교 박사 과정을 공부했기에 별다른 시시비비 없이 강의를 할 수 있게 되었다. 교회에도 인도네시아까지 가야 하는 이유를 설명하기 어렵지 않았다.

팬데믹으로 모든 대면 사역이 위축되어 있던 상황과 해외 선교 사역이 중단된 상태에서 인도네시아에 강의를 하기 위해 출국하는 것은 좋은 명분이 되었다.

박사 과정 멘토 목사님은 강의를 적극적으로 추천해 주셨다. 나도 많은 선교 현장을 경험해 보았지만 신학교 사역에 대한 경험이 없었기에 신학교 강의를 경험하는 것도 괜찮겠다고 생각했다. 이렇게 장황하게 이야기를 늘어 놓는 이유는 한마디로 '큰 비전이나 분명한 하나님의 부르심 때문에 이 사역을 시작한 것은 아니라'는 것을 말하기 위해서다. 적어도 내게는 그렇다.

강의를 하는 것이 가장 중요한 사역 목적이지만 이것저것 사역을 가려서 할 만한 상황이 아닐 것이라고 단단히 각오하고 왔다. 강의 이후 가정교회를 방문하러 가는 것 역시 중요한 사역이다. 다만 인도네시아의 악명 높은 교통 체증은 계산에 없었던 것이다. 사역 시간보다 훨씬 많은 시간을 이동하는 데 보냈다.

이렇게 복잡한 교통 상황에서도 여유 있게 운전하는 현지인들의 모습이 인상적이었지만 내 얼굴의 인상은 점점 피곤과 짜증으로 바뀌는 것은 어쩔 수 없었다.

오고 가는 여행 일정 속에서 자연스럽게 선교사님의 사역에 대한 이야기를 들을 수 있었다. 이동하는 중, 나도 자연스럽게 지금 가장 중요한 단기 사역과 중기, 장기의 사역이 무엇인지 물었다. 선교사님은 단기, 중기, 장기 사역할 것 없이 현재도, 중단기도, 장기적으로도 가장 중요한 사역은 '난민 학교'라고 대답했다. 어린아이들부터 중학교, 고등학교 과정까지 아이들의 교육이 지속될 수 있기를 기도하고 있다고 설명해 주셨다.

2년 전, 한국의 한 교회로부터 갑자기 난민들을 위한 사역을 어떻게 도울 수 있는지 알려 달라는 연락을 받았다고 한다. 처음 연락을 받은 교회였기에 기대감 없이 난민 학교의 건물을 확보하는 것이 가장 시급한 문제라고 전했다.

몇 주 후 연락을 주었던 교회에 선교 담당 목회자 팀이 현장을 방문을 했다. 그 후, 교회에서 난민 학교를 임대해서 쓸 수 있는 비용 전액을 지원해 줘서 지금 난민 학교로 사용하는 건물로 이전할 수 있었다고 간증하셨다.

선교사님의 간증을 계속 들으면서 내가 알고 있는 한국의 한 교회가 자꾸 생각났다. 선교사님의 간증이 끝난 후, 나는 선교사님께 혹시 그 교회가 조이어스교회이며 담임목사님이 박종렬 목사님인지 물었다.

### 1) 조이어스교회 박종렬 목사님 이야기

선교사님은 어떻게 조이어스교회와 담임목사님을 알고 있는지 물으셨다. 지금은 한남동에 위치한 조이어스교회는 제자들교회가 개척하면서 동역자 교회로 함께 동역하는 교회다(말이 좋아 동역이지 교회 개척 이후에 많은 도움을 받아 함께 사역하고 있다).

제자들교회를 개척한 이후 해외 사역으로 영어 캠프를 한국의 미자립 교회를 대상으로 계속해 왔다. 조이어스교회는 영어 캠프를 후원했다. 미국의 목회자들을 섬기는 목회자 사관학교도 지속적으로 열어 남가주 지역의 교회와 개척교회 목회자들을 도왔다.

제자들교회와 조이어스교회가 협력 사역으로 협력 학생 선교사 프로그램을 함께 진행했다. 조이어스교회가 학생 선교사를 미국에 파송하고 제자들교회는 그들이 미국과 캐나다 등지에서 사역을 경험하고 개척교회들을 돕는 사역을 지속적으로 해 왔다. 제자들교회도 학생 선교사들을 돕고 함께 협력하여 게이트웨이에서 공부를 할 수 있도록 후원했다. 그 결실로 신학교를 졸업하고 미국 남침례교단에서 목사 안수를 받은 목회자들이 세워졌다.

박종렬 목사님은 10년 이상 나의 목회 멘토이다. 그는 때로는 다정한 선배 목회자로, 때론 친구처럼 나를 대해 주는 목회자다. 한국을 방문할 때면 늘 박종렬 목사님을 만나 교제하고 지금도 사역 일정을 나누고 있다.

이런 관계에 있는 교회이니 인도네시아 난민 학교와 권용준 선교사의 사역을 조이어스교회가 돕고 있다는 사실을 알게 되니 나도 온몸에 소름이 돋았다.

조이어스교회에서 인도네시아 난민 학교를 돕기 위해 실사를 했던 목사님이 지금은 미국에서 공부하고 있고, 그 가정은 미국 정착 초기부터 함께 교회공동체를 섬기며 사역을 나누고 있다. 소름 돋을 만한 이야기였지만 애써 우연이라고 생각했다. 자꾸 엮여 버리면 빠져나올 방법이 없으니 애써 우연의 일치라고 여겼다.

우리의 이야기는 계속 이어졌다. 그만큼 한 번 차로 이동하면 엄청난 교통 체증이 이어진다. 한참 조이어스교회에 대해 많은 이야기를 주고받았.

우연히 요 근래 알게 된 교회와 담임목사님 이야기를 꺼냈다. 전라도 광주에서 목회하시는 목회자이니 선교사님과 무슨 관계가 있을까 생각하지 못한 채 아무런 생각 없이 그 교회와 목회자가 난민 선교에 힘을 쏟는 교회이며 목회자 역시 아프가니스탄 사역에 많이 헌신하고 있는 교회라고 소개했다. 이번엔 권용준 선교사가 갑자기 자신의 입을 틀어 막으며 놀라운 표정을 지었다.

선교사님은 광주 소재 교회의 담임목사님과 본인은 아프가니스탄에서 10년 넘게 생사고락을 함께한 동지라고 말했다. 광주 소재의 교회와 목회자로부터 많은 후원을 받아 지금도 사역을 감당하고 있다고 했다.

나는 즉시로 목사님께 메시지를 넣었다. 지금 권용준 선교사와 함께 있다고 사진을 찍어 카카오톡으로 보냈다. 나와 광주 지역 목사님의 관계는 지극히 사적인 인연으로 시작되었기에 자세히 이야기할 수 없는 상황이지만, 나는 이 일 역시 이 정도 우연은 얼마든지 있을 수 있는 일이라고 생각하고 또 생각했다.

지금 정신을 바짝 차리지 않으면 인도네시아 사역에서 발을 뺄 수 없을지도 모른다고 생각했다. 그러니 정신을 바짝 차리고 지금까지 있었던 일은 우연이라고, 분명 우연일 거라고 되뇌이고 또 되뇌었다.

최악의 교통 체증은 계속됐다. 이미 밤늦은 시간이지만 고속도로의 통행이 원활히 되기란 쉽지 않았다. 끼어들기는 일상이고 오토바이가 온 도로를 점령하고 있어 차가 꼼짝도 하지 못했다.

많은 이야기를 나누었기에 잠시 선교사님과 나 사이에는 정적이 흘렀다. 시차로 인해 피곤하기도 했지만 이미 많은 이야기를 나누었다.

조이어스교회나 광주의 교회 이야기로 마음이 복잡해졌다. 말을 아껴야 할 시간이었다. 그때 나와 선교사님의 침묵을 깨는 전화가 울렸다. 내가 인도네시아에 온 것을 안 친구 목사로부터 카카오톡 전화가 온 것이다.

## 2) 김정우 목사 이야기

인도네시아 동부장로교회 김정우 목사는 미국에서부터 오랜 인연을 맺고 있는 친구 목회자다. 나는 이동원 목사님의 권고로 미주 지역에서 강준민 목사님을 멘토로 목회 여정에서 필요한 도움과 배움을 이어 오고 있다. 강준민 목사님의 배려로 미주에 개척했거나 부임한 목회자 중 40대에 작은 교회 목회자들과 멘토링 모임을 해 왔다.

김정우 목사와 그 가정은 이민 목회에서 너무 힘들고 어려운 일을 당했다. 하지만 묵묵히 하나님을 바라보고 하나님의 인도하심을 받아 지금은 인도네시아의 동부장로교회에서 담임목회를 하고 있다.

김정우 목사는 주일예배에 꼭 설교를 해 달라고 부탁했다. 그리고 4년 만에 다시 만나 그간의 이야기를 나누자고 약속했다. 전화 통화가 끝난 후 들었던 불길한 예감은 어김없이 그 예감대로 흘러간다. 선교사님은 내게 물으셨다.

"김정우 목사와 동부교회를 아세요?"

김정우 목사의 두 딸이 난민 학교에서 영어를 가르치고 청년들을 교회로 데려가 음악과 악기를 가르치며 지속적으로 난민 사역을 돕고 있다고 말했다. 더 이상 의심의 여지가 없다. 나는 하나님 앞에 더 이상 인도네시아 사역에 발을 뺄 만한 그 어떤 명분도 없음을 알았다.

하나님은 나보다 나를 잘 아신다. 나는 매사에 쉽게 움직이는 사람이 아니다. 한 번에 모든 것을 결정하는 사람도 아니다. 따지고 또 따져서 마지막 극한의 순간까지 다다라야 겨우 하나님께 마지못해 순종하는 사람이다. 목회자의 소명에 순종할 때도 그랬다. 신학교에 입학할 때도 그랬다. 목사 안수를 받을 때도, 지금의 교회를 개척할 때도 역시 마찬가지였다.

박사 과정 멘토 목사님께서 신학교 강의를 부탁하실 때도 그랬다.

'왜 또 나일까?'

미국에서 인도네시아까지의 이동은 물리적으로 너무 힘든 일이란 것을 알았다. 지난 며칠 동안 강의를 하면서 체력적으로나 환경적으로 쉬운 사역이 아님을 직감했다.

미국의 신학교는 선교지 과정이라고 학비를 면제해 주지 않는다. 신학교 사역을 계속하면 펀드레이징(모금)도 해야 할 상황임이 예상된다. 그래서 굳게 결심하고 또 결심한 것이 '이번 한 번만 강의를 하겠다'였다.

삼겹줄은 튼튼하다. 삼겹줄은 쉽게 끊어지지 않는다. 삼겹줄 위에 하나님이 만들어 놓으신 그물은 거미줄보다 더 촘촘하다. 그 그물에 걸려들면 결코 헤어 나갈 수 없다. 영감이 없어도 이쯤 나이가 되면 경험을 통해 알게 된다.

'걸려들었다!'

꼼짝없이 하나님이 쳐 놓으신 그물에 단단히 걸려들었다. 빠져나가려고 발버둥치면 칠수록 더욱더 단단하게 옭아매는 하나님의 그물에 꼼짝없이 걸려들었음을 확인했다.

만약 교회 개척을 하지 않았다면, 영어 캠프를 시작하지 않았다면, 협력 목회와 사역을 하지 않았다면, 팬데믹 때 박사 과정을 공부하지 않았다면, 이동원 목사님, 강준민 목사님과 같은 멘토의 멘토링이 없었다면, 주변의 동역자들을 멘토링에 초대하지 않았다면, 미국에서의 이민 목회자로 사역을 시작하지 않았더라면….

이 모든 것 중에 내가 계획한 것은 하나도 없다. 촘촘히 짜여진 하나님의 그물에 한 올 한 올 얽히고설켜져 단단한 네트워크가 만들어졌다. 이때를 위해.

지금 우리가 만나고 경험하는 모든 사람과 사역은 또 시간이 지난 어느 날, 하나님이 계획해 놓으신 하나님 나라를 위해 너무나도 멋지고 아름다운 네트워크가 될 것이다. 이것이 지금 만나고 있는 사람들과의 관계가 중요한 이유다.

## 14. 난민 사역에서 가장 현실적인 필요 : 재정

사역엔 에너지가 많이 들어간다. 선교지엔 모든 것이 부족하고 모든 것이 필요하다. 선교지를 방문할 때마다 느낀다. 선교지엔 모든 것이 부족하고 모든 것이 필요하다. 채우고 채워도 늘 부족한 곳이 선교지다. 그러므로 선교지에 대한 정의는 이렇게 내릴 수 있다.

'모든 것이 부족한 곳.'

좌우 사방을 둘러보아도 모든 것이 부족한 것 투성이다. 모든 것이 필요하다. 무엇이든 도움을 준다면 그 도움은 상상 외로 큰 도움이 된다. 설마 이런 것도 필요할까 하는 바로 그것도 선교지에선 매우 필요하고 귀한 것일 수 있다. 어떤 이는 인도네시아 난민 선교지에 가장 현실적인 필요가 무엇인지 묻는다. 나는 주저 없이 대답한다.

"가장 현실적으로 필요한 것은 돈입니다."

반면, 권용준 선교사님은 늘 이렇게 답한다.

"성도님들의 기도와 사랑이 가장 필요합니다."

그렇다. 성도님들의 기도와 사랑이 너무 절실하게 필요하다. 선교사님은 필요한 재정에 대한 요청을 잘 하지 않으신다. 선교사님은 재정 요청에 서투시다. 필요한 부분에 대한 요청을 잘 안 하신다. 그래서 나라도 인도네시아에 필요한 재정 요청을 해야 겠다고 결심했다.

다행인 것은 나도 재정 문제를 잘 이야기하지 않는 편인데 인도네시아 사역에 관한 요청은 아주 뻔뻔할 정도로 잘한다는 것이다. 나도 때때로 이런 나의 모습을 보면서 스스로에게 깜짝 놀라곤 한다.

난민 선교에는 모든 사역에 재정이 들어간다. 먹여야 하고, 입혀야 하고, 가르쳐야 한다. 밑 빠진 독에 물을 들이부어도 독의 물은 순식간에 빠져나간다.

### 1) 난민 학교

아프가니스탄 난민 사역에서 가장 중요한 것은 난민 학교다. 난민 학교에는 그리스도인이 된 가정뿐 아니라 대다수 이슬람 신자인 아프가니스탄 가정의 자녀들이 출석한다. 난민 학교는 복음을 전할 수 있는 가장 중요한 장소다. 자녀들의 부모님을 만날 수 있는 접촉점이 만들어지는 장소다. 아이들은 초등학교 과정과 중학교 과정, 고등학교 과정까지 난민 학교에서 배울 수 있다.

지난번 학교의 환경이 열악하여 문제가 있을 때, 조이어스교회에서 큰 도움을 주어 학교 건물을 임대하여 쓸 수 있게 되었다. 그러나 건물 문제가 해결되었다고 해서 모든 것이 해결된 것은 아니다. 학생들에게 필요한 것들을 공급해 주려면 매년 적당한 예산이 필요하다. 선생님들에게 지급할 연봉과 책, 컴퓨터 등 학교 하나가 운영되기 위해 필요한 재정이 턱없이 부족한 것이 현실이다.

난민 학교에서는 초등학교 과정과 중등 과정이 주로 교육되고 있다. 그런데 이곳에서 가르치고 있는 교육 과정이 오스트레일리아와 뉴질랜드, 미국, 캐나다에 갔을 때 문제가 발생하기 시작했다. 난민 신학교에서 가르치는 커리큘럼이 서구 유럽 미주 지역의 학교 커리큘럼을 충족시키지 못하고 있다. 이곳에서 중등 과정을 마쳐도 유럽이나 미주 지역으로 이동했을 때 다시 교과 과정을 해야 하는 상황인 것이다. 난민 학교에서 중등 학교를 마치고 미국으로 이주하면 대체적으로 초등 과정 4학년 혹은 5학년 과정부터 다시 해야 한다.

선교사님의 기도 제목은 이와 같은 상황에 맞물려져 있다. 난민 학교에서 학습한 것이 미주 지역에서도 인정되는 과정이 되기를 기도하고 있다.

미국의 교과 과정 중엔 홈스쿨링이 있다. 미국 문교부에서 제공하는 홈스쿨링은 공립학교를 다니지 않고 집이나 해외에서 교과 과정을 마쳐도 미국 교육부가 인정하는 교과 과정을 이수한 것과 같은 학력을 인정해 준다.

이 과정을 신청하기 위해선 홈스쿨링이나 미국 교과 과정을 할 수 있다는 것을 증명해야 한다. 필요한 교과 과정을 위한 수업료도 지불해야 한다. 이에 홈스쿨링 교과 과정에도 상당히 많은 물질이 필요하다. 학생 한 사람 한 사람에게 모두 필요한 교과 과정을 지원한다는 것은 결국엔 많은 재정이 필요하다는 것을 의미한다. 미국 교과 과정은 모든 사람에게 열려 있지만 선교지나 해외라고 재정적인 것들을 지원해 주거나 편의를 봐 주지 않는다.

이 글을 읽고 계신 분 중에 이런 상황에 재정적인 도움을 줄 수 있다면 도움의 손길을 요청한다. 망설이지 말고 즉시로 도움을 주신다면 더 많은 혜택과 좋은 교과 과정으로 영혼들의 필요를 채울 수 있다.

난민 학교가 중요한 이유는 한두 가지가 아니다. 먼저, 난민들이라도 교육의 중요성을 안다. 난민으로 나와 있는 아프가니스탄 부모들은 자녀가 난민의 삶을 극복하고 이겨 나가는 데 교육의 힘이 얼마나 큰 것인지 안다. 누구나 좋은 교육 환경에서 자녀들이 충분한 교육을 받기 원한다. 그러므로 난민 자녀들에게 학교 교육을 제공하는 것으로 복음을 전할 수 있는 충분한 접점을 만들어 낼 수 있다. 학교 교육은 그리스도의 사랑과 복음을 전하는 유용한 통로가 된다.

실질적으로 선교사님과 관계를 맺고 복음을 듣게 되는 대다수의 통로가 난민 학교를 통해서 이루어지고 있다. 이곳에 도움이 절실히 필요하다. 그 중에 가장 절실히 필요한 것은 '돈'이다.

## 2) 신학교 교육

신학교 교육에도 많은 재정(돈)이 필요하다. 게이트웨이에서 해외 선교지와 특수한 상황에 놓여 있는 곳에 CLD 과정을 개설해 준 것은 너무 감사한 일이다. 하지만 신학교가 제공한 은혜는 여기까지다.

과정을 개설해 주고 게이트웨이 학위를 인정해 준다. 미국 신학교의 과정을 마친 수료증이 제공된다는 것은 난민들에겐 매우 중요한 일이다. 이들이 후에 UN에서 인터뷰를 할 때 미국 신학교 졸업장은 이들의 신원보증과 검증에 매우 중요한 증거 자료가 된다. 미국이나 캐나다 혹은 오스트레일리아로 가는 데 있어 수료증이 상당히 플러스 요인이 된다는 것이다.

이런 과정을 제공해 주는 게이트웨이에겐 정말 감사한 마음이다. 학교 측도 학사 관리, 교수 선정 등 신경 쓸 일이 많다. 특별히 미국 교육국에 특별 과정을 위한 프로그램을 승인받는 데 힘써 준 학교 행정 관리자들의 수고에 다시 한번 감사드린다.

미국의 학교들은 분명한 것을 요구한다. 그중에서 타협 없이 요구되는 것이 등록금이다. 선교지, 혹은 난민이라고 등록금이 면제되거나 장학금으로 등록금을 대치해 주지 않는다. 난민들이 게이트웨이 등록금을 지출하는 것은 불가능에 가깝다. 만만치 않은 학비를 후원해야 한다.

지난 학기부터 시작된 신학생들의 학비를 위해 재정이 필요하다. 한 명의 신학생을 목사로 안수하기까지는 실로 많은 재정을 필요로 한다.

여기 학교 교수님들과 학교 행정을 담당해 주시는 목사님들이 함께 공유했던 이메일과 카카오톡 내용을 소개한다. 신학교에 학생이 많이 지원하면 지원할수록 좋지만 걱정도 함께 따른다. 우리가 모금해야 할 학비가 그만큼 늘어나기 때문이다. 다음은 신학생들을 위한 재정을 후원하면서 함께 공유한 내용이다.

> 어제 박지원 목사님을 만나 2023년 CLD 가을 학기 수업료와 행정비 총액 $4,280.00을 학교에 지불했습니다. 약간은 버겁지만 아프가니스탄 내에서 공부하는 형제님들과 각 지역에서 공부하고 계신 형제자매가 있기에 감사한 마음뿐입니다. 모든 이에게 주님의 평강이 임하길 주님께 간구합니다.
> 졸업식을 잘 인도해 주신 김송식 목사님과 강의에 열정을 가지고 가르쳐 주신 여러 강사 목사님들 수고 많으셨습니다.
> 참, 박지원 목사님. 학생들 입학과 졸업 등 행정에 수고해 주심도 감사를 드립니다. 마지막으로 이 모든 사역을 잘 지휘하고 계신 권 선교사님, 감사합니다. 샬롬~.

인도네시아 아프가니스탄 난민들을 위한 CLD 과정은 미국 학비를 지불해야 한다. 난민으로 나와 있는 형제자매들이 학비를 조달한다는 것은 불가능하다. 신학교에 강의를 하러 가는 교수님들은 강의료를 받기는커녕 학비 조달 역할을 해야 한다.

게이트웨이는 한국처럼 봄 학기와 가을 학기로 운영된다. 2년 과정의 학기를 마쳐야 하기에 대략 10명을 기준으로 3만 불 정도의 학비를 학교에 지불해야 한다. 그리 큰 재정도 아니지만 학비를 조달해야 하는 교수님에게는 사실 버거울 수 있는 액수다.

 이민교회에서 사역하면서 사비를 털어 신학교를 후원하는 형편이다. 내가 인도네시아 신학교에서 강의를 요청받았을 때 대략 이런 일을 예상했다. 사실, '지금 사역하고 있는 교회도 어려운데 무슨 인도네시아까지'라는 마음 때문에 선뜻 응하질 못했다.

 신학교 강의뿐 아니라 졸업에도 필요한 비용이 있다. 물론, 이 비용은 매 학기마다 들어가는 것은 아니다. 아프가니스탄 난민을 위한 제2기 신학 과정은 무려 18명이 신청했다. 너무 감사하고 반가운 마음이다. 선교사님과 교수님들이 학생들을 인터뷰하여 입학할 수 있다니 감사하다. 그렇지만 이들의 등록금을 마련해야 하는 일은 다른 영역이다. 버겁고 힘겨운 일이다.

 신학교 교육에 돈이 필요하다. 신학생들을 위한 비전과 마음이 있다면 물질 후원을 부탁드린다. 이것이 나라도 글을 써야겠다고 마음먹은 이유다.

 다방면에서의 물질적인 후원과 지원이 없었다면 졸업생을 배출하는 것과 아울러 목사를 세우는 일은 불가능했을 것이다. 어렵게 시작된 1기 신학생 9명 중 한 명의 낙오자도 없이 모두 졸업했다. 사실 현실적으로 이들의 학비를 어떻게 조달할까 염려와 부담으로 시작한 것이 사실이다. 물론, 하나님이 채워 주실 줄 믿고 시작했다. 채워 주시는 하나님의 은혜에 감사드린다.

### 3) 교통 수단 제공

동남아 국가를 여행해 보신 분이라면 모두 공감하는 지점이 있다. 즐비한 오토바이와 무질서해 보이지만 나름의 규칙이 있는 교통 흐름이다. 인도네시아도 길이 좁고 교통 체증이 심각하기로 유명하다. 게다가 여기저기서 튀어나오는 오토바이를 보면 외국인들은 현기증을 느낄 만하다.

인도네시아는 동서로 매우 긴 나라다. 국토 면적은 꽤 큰 편에 속한다. 인도네시아도 경제력이 급상승하면서 자동차를 구매하는 인구수가 늘어나고 있다. 하지만 아직까지 많은 사람이 오토바이를 이용한다. 대중교통 수단은 매우 불편하다.

인도네시아에 온 난민 형제자매들도 이동 수단이 필요하다. 인도네시아 정부는 아프가니스탄 난민들에게 운전면허증을 주지 않는다. 모든 경제 활동도 불허하고 있다.

오토바이도 면허증이 필요하다. 오토바이를 살 수 없는 형편이기에 오토바이를 렌트하여 사용할 수 있도록 행정적인 도움을 줘야 한다. 오토바이 소유주와 사용주가 다른 상황이다. 이런 상황을 너무 잘 알고 있는 인도네시아 경찰이 간혹 이유 없이 아프가니스탄 사람들에게 교통 티켓을 발부한다. 확실한 증거도 없이 인도네시아 경찰을 비난할 수 없지만 이유 없이 교통 티켓을 발부하여 부정한 돈을 만드는 것이라고 생각된다. 티켓을 발부받으면 오토바이 소유주(렌트 소유주)가 티켓에 대한 벌금을 납부해야 한다. 오토바이 렌트상에 가서 다시 소유주 갱신을 하고 벌금 납부고지서를 제출해야 한다. 이 모든 행정적인 절차에 돈이 들어간다. 지역 경찰들과 오토바이 렌트상들이 아프가니스탄 난민들의 상황을 이용해 불법적인 돈을 거래하고 있을 것이라고 생각되는 부분이다.

이런 모든 상황을 알면서도 신분 문제 때문에 당할 수밖에 없다. 경제적 활동이 불가능하기에 선교사님은 오토바이 렌트와 연료비(기름값), 보험료, 때론 교통 티켓, 오토바이 수리비와 같은 부대 시설에 필요한 재정을 공급해 주고 있다. 가끔씩 들이미는 티켓과 청구서를 보면 멀미가 날 정도다. 푼돈같이 여겨지지만 몇십 대까지 지원해 줘야 하는 상황이 되면 이것도 만만치 않은 액수다. 멀리에서 오는 가족들은 한 시간 이상 오토바이를 이용한다. 오가는 연료비도 만만치 않다.

교통비를 제공해 주지 못하면 아이들이 학교에 갈 수 없다. 부모님들이 난민 학교에 아이들을 보내기 위해서도 교통 수단이 필요하다. 오토바이와 연료비, 보험료도 제공해 줘야 한다. 이 물질은 생존에 절대적으로 필요한 것이다. 최소한 지원해 주어야 할 최소 생계비에 해당되는 항목이다.

우리가 스타벅스에서 사 먹는 커피 한 잔 값이면 일주일치 연료비를 지원할 수 있다. 대략 미국에서 스타벅스 커피가 5불이라고 계산한다면 말이다. 최근엔 달러 가격이 좋아져 미주에서 달러로 지원하면 유리한 환율로 도울 수 있다.

실례로 신학교 수업 후 나는 신학생들에게 밥을 한 끼 사고 싶었다. 선교사님께 좋은 식당에서 밥을 먹자고 말씀드렸다. 식당에 도착해 보니 신학생 가족들이 모두 식당에 모여 있었다. 대략 20명이 넘는 숫자였다. 처음으로 식당에 와서 음식을 먹는 신학생 가족도 있었다. 식당에 오지 못한 가족을 위해 포장하여 가져갈 수 있는지 물었다. 당연히 함께 음식을 주문했다. 식당 안에서도 두 가지 메뉴를 시켜도 되냐고 묻는 학생도 있었다. 이왕 한턱내기로 했으니 눈 딱 감고 카드를 긁자고 마음먹었다.

20여 명이 35가지 메뉴와 음료 30잔을 주문했다. 인도네시아 돈으로 몇만 루피인지 알 수도 없는 동그라미를 보며 떨리는 손으로 사인을 했다. 미국으로 돌아와 카드 내역서를 확인해 보니 120불 정도 사용한 것을 확인할 수 있었다. 120불로 괜찮은 식당에서 30인분 식사가 가능하다니!

커피 한 잔을 아끼고 아주 작은 금액이라도 후원하면 인도네시아 난민들에겐 큰 힘이 된다. 아주 작은 금액이면 그들의 절대적 생존에 필요한 것들을 후원할 수 있다.

나도 스타벅스 커피를 찾지 않는 것은 아니다. 하지만 스타벅스 커피를 많이 줄였다. 내 입의 즐거움을 조금 줄이면 누군가에게 하루를 살아가는 큰 힘이 될 수 있다.

### 4) 주거지 제공

인도네시아 정부는 난민들의 경제적인 활동을 금지시켰다. 아프가니스탄 난민들은 경제 활동을 할 수 없다. UN에서 제공하는 난민 캠프에서 생활하는 것을 원칙으로 한다. 난민 캠프의 환경은 열악하기 그지없다. 가족들에게 제공되는 천막은 비와 더위를 피하기에 턱없이 부족하다.

인도네시아는 적도 부근에 위치한 나라다. 일년 내내 비가 온다. 하루에도 한두 번은 꼭 비가 온다. 비가 온 후 곧바로 내리쬐는 적도의 태양은 숨이 턱턱 멎을 지경이다. 이런 환경이니 난민 캠프에서 1년 정도만 거주하면 많은 사람이 질병에 노출된다.

　난민 캠프엔 쥐, 바퀴벌레, 보이지 않는 바이러스성 질병이 끊이지 않는다. 이번 코로나 기간 동안 난민 캠프는 가장 취약한 환경이었다. 감염을 막을 길이 없었다. 특별히 아이들과 여인에게는 치명적인 환경이다.

　선교사님은 예수님을 영접하고 분명한 변화가 있는 난민들에게 주거 환경을 제공해 주고 있다. 특별히 아이들이 있는 가정과 건강이 좋지 못한 가정에게 선별적으로 방을 제공하는 사역을 하고 있다. 화장실을 공용으로 사용하고 방 한 칸과 부엌이 있는 집을 제공하는 데 한 달에 미화로 100달러 정도가 소용된다.

　난민들이 대거 이주할 때 난민으로 탈출한 가정들은 UN으로부터 최소한의 지원을 받을 수 있다. 그런데 지금까지 죽음을 무릅쓰고 아프가니스탄을 탈출하는 사람이 많다. 다만 서방 세계가 더 이상 그들에 대해서 신경을 쓰지 않고 있을 뿐이다.

　지금 아프가니스탄을 탈출하여 인도네시아로 오는 난민들은 UN의 도움을 받지 못한다. 이들의 주거 문제를 해결해 주어야 한다. 물론 모든 난민을 우리가 다 책임질 수는 없다. 하지만 할 수 있는 상황에선 최대한 지원을 해 줘야 한다.

　쉽지 않은 지원이다. 이들을 언제까지 지원해 줘야 할지 기약이 없다. 재정을 다 쏟아부어야 한다. 기본적이고 기초적인 생활을 지원하는 문제이기 때문이다. 주거 문제를 지원해 줘야 하는 사역은 정말 끝이 보이지 않는 사역이다. 많은 지원이 필요하다. 진짜 돈이 많았으면 좋겠다. 한 영혼이라도 더 돕고 싶다.

선교사님도 한계를 맞이하고 있다. 지금의 후원 상황으로는 한 가정을 더 지원하기도 힘들다. 이런 상황이 지속되고 있다. 매달 한 달 한 달 버터가는 것 자체가 주님의 은혜다. 하지만 매번 아슬아슬 외줄에 매달려 있는 것 같은 재정 상황이 너무 버거워 보인다. 이럴 때 정말 미국 복권이라도 사야 하나 하는 심정이다. 마음에 감동이 있고 긍휼한 마음이 생기면 후원을 부탁드린다.

### 5) 인터넷 및 전기비 제공

이젠 인터넷 없는 세상을 상상할 수 없다. 인터넷으로 전 세계가 하나로 연결되어 있다. 인터넷으로 세상이 변했다. 이젠 전 세계 어느 공항을 가도 인터넷 서비스가 제공된다. 내가 살고 있는 미국은 첨단 컴퓨터 산업과 IT 산업, 소프트 산업을 선도하는 나라다. 인터넷을 기반으로 4차 산업이 매우 발전한 나라다.

모든 세상을 다 다녀 보진 못했지만, 한국은 세계에서도 가장 우수한 인터넷 인프라를 구축한 나라다. 지하철에서도, 버스와 기차에서도 인터넷이 제공된다. 어디를 가도 무료로 제공되는 초스피드 인터넷망을 사용할 수 있다. 미국의 인터넷 인프라는 첨단 회사들이 즐비한 것에 비해 형편없다.
비가 오고 바람이 불면 인터넷 상황이 불안하다. 때론 화상 회의 플랫폼인 줌도 불안정한 인터넷 상황으로 끊어지거나 화면이 멈추어 버린다. 인터넷 인프라와 상황은 다를 수 있지만 인터넷이 생활화되고 산업과 생활에 막대한 영향력을 주는 시대를 살아가고 있다.

특별히 코로나 사태를 맞이한 이후 인터넷은 고립된 사람들을 새롭게 연결해 주고 새로운 산업과 삶을 만들었다. 게이트웨이 신학 과정도 대면 수업과 온라인 수업을 병행할 수 있다. 줌이라는 어플로 실시간 대면 통화가 가능해졌기 때문이다.

아프가니스탄은 탈레반 정부가 정권을 잡은 이후 극심한 전력난을 겪고 있다. 비단 전력뿐만 아니라 모든 것이 부족한 상황이 되었다. 특별히 인터넷 환경은 더욱 열악하다. 인도네시아 난민들은 인터넷을 이용하여 아프가니스탄에 있는 가족들과 안부를 전한다. 가족들에게 복음을 전하는 방법으로 줌이 사용된다. 인도네시아와 아프가니스탄을 연결해 주는 소중한 신기술이다. 하지만 아프가니스탄은 인터넷 환경이 좋지 못하다.

인터넷 사용 비용 지원에 관한
선교사님과의 카톡 내용

아프가니스탄에 있는 가족들은 해외로 나가 있는 가족들과 연락을 주고받기 위해 인근 국경 지대로 간다. 가까운 파키스탄 국경에서 그들은 시간제 요금으로 인터넷과 전기를 구입한다. 줌을 할 수 있는 자신의 공간을 확보하기 위해 비용을 지불하고 필요한 공간에서 조심스럽게 성경 공부를 하고 예배를 드리며 신학교 수업을 받는다.

이 일은 대단히 위험하다. 아프가니스탄과 파키스탄의 국경 지역에는 탈레반이 눈에 불을 켜고 감시하고 있다. 국경을 넘거나 인터넷을 사는 사람들을 감시한다. 소위 블랙 리스트 감시가 극심하다.

인터넷 비용은 제시간에 지원되어야 한다. 인터넷 비용이 지원되지 못하면 예배와 강의 및 가정교회 모임에 참여할 수 없다. 인터넷은 가격이 천차만별이다. 하지만 인터넷에 렉이 걸리지 않고 화면이 원활하게 작동하기 위해선 양질의 인터넷을 사야 한다. 물질이 부족할 때는 피를 말린다. 지금 국경에서 지원을 기다리는 형제자매들을 생각하면 인터넷 지원금은 가장 급하며 가장 중요한 지원 중 하나다.

인터넷과 함께 인터넷 컴퓨터가 작동할 수 있는 안전적인 전기 공급 역시도 중요하다. 카불과 아프가니스탄에서 폭격은 일상이다. 폭격으로 국가 인프라는 90퍼센트 이상 파괴되었다. 가정교회에는 개인 자가발전기를 구입할 수 있도록 지원하지만 그 가격이 만만치 않다. 그래서 그때그때 필요한 전기비를 지원한다.

안정적인 전기를 구입하려면 만만치 않은 비용이 든다. 그렇다고 모든 학생을 한곳에 모아 놓고 수업과 예배에 참여시킬 순 없다. 사람들이 모여 있는 것을 의심하게 되어 경찰들이 덮치면 모든 신학생이 잡혀가게 되는 상황이 되므로 점조직처럼 한 사람 한 사람이 움직여야 한다. 한마디로 개별적으로 지원해야 한다는 말이다.

언제든지 무제한 데이터를 사용할 수 있고, 어디서나 와이파이를 이용하며 안정적인 전기와 인터넷을 사용할 수 있는 것은 축복이다. 하나님의 은혜다. 난 인터넷이 조금 늦어져도 요즘에 감사하며 산다. 핸드폰으로 데이

터를 무제한으로 사용한다. 집, 교회, 학교 도서관, 가까운 스타벅스에서 언제든지 와이파이를 무제한으로 이용한다.

지금 이 시대에도 복음을 위해서 인터넷을 구매해야 하는 사람들이 있다. 미국 달러 가치로 20불이면 하루치 인터넷을 지원해 줄 수 있다. 도움이 필요하다. 그래서 나는 기도도 하고 사랑도 해 주시고 재정도 후원해 달라고 부탁드린다. 지금 인도네시아 사역이 지속되기 위해서는 물질이 필요하다.

나는 지금 현실성이 매우 낮은 기도를 하고 있다. 이 책이 출판되고, 베스트셀러가 되어 여기저기 많은 교회가 후원자가 되길 기도한다. 더불어 나도 이곳저곳으로 불려 가 사례비 혹은 인도네시아를 위한 지원비를 받고 그 물질로 좀 많이 생색내며 인도네시아를 지원하고 싶다.

참 현실성 없는 기도다. 그래도 기도한다. 누구도 예측할 수 없겠지만 상상은 자유다. 이 책이 10만 권쯤 팔리게 될지 아무도 알 수 없다. 그저 상상만 해도 좋다.

책 판매금 전액을 인도네시아 사역을 위해 도네이션할 날이 올지도 모르지 않은가?

## 6) 직업 교육

인도네시아는 난민들의 경제 활동을 금지하고 있다. UN에서 보조하는 돈으론 최저 생계유지도 되지 않는다. 난민을 위해 장기적인 지원책은 이들이 생업에 종사하며 스스로 경제 활동을 할 수 있도록 돕는 것이다.

직업 교육이나 기술을 가르쳐서 생계유지를 위해 일할 수 있는 자립을 돕는 것이 필요하다. 정상적인 경제 활동이 어려워 선교사님은 난민 청년들과 함께 수제 비누를 만들어 판매하는 것으로 약간의 수익 사업을 시작했다.

수제 비누는 한인 교회들을 중심으로 판로를 개척해서 입소문이 나기 시작했다. 선교사님이 판매책을 맡고 있다. 아프가니스탄 난민들을 돈 거래를 할 수 없기에 선교사님이 판매책을 맡고 계시다. 이렇게 적은 물질이지만 수익 사업을 통해서 필요한 곳에 사역비로 사용하고 있다.

또 한 가지 작은 수익 사업이 있다면, 한인 농장에서 농사에 필요한 일을 돕는 것이다. 농장 한 켠에 땅을 마련해 주셔서 이곳에 한인들이 좋아할 만한 농작물을 재배한다. 물론 공식적으로 농작물을 내다 팔 수 없다. 선교사님이 한인 교회를 순회하며 농작물을 판매하고 있다. 이 상황을 알고 있는 한인 교회들이 농작물을 구입해 주신다. 하지만 이 수익만으론 재정적인 문제를 완전히 해결하기 어렵다.

이런 여러 가지 상황을 보면서 지속해서 안정적인 수입이 보장되는 전문적인 기술을 가르치는 것을 목표로 삼았다. 선교사님은 네일 아트를 가르칠 수 있기를 기도하셨다.

### 7) 네일 아트

우연히 선교사님의 사역을 알게 된 남가주의 한 기업이 선교사님의 이야기를 듣고 네일 아트에 필요한 재료들을 공급해 주셨다. 여름이 되면 네일 아트 전문가들이 와서 교육을 해 준다. 아쉬움이 있다면 네일 아트 전문가들이 자주 교육을 시켜 줄 수 없다는 것이다. 너무 감사한 일은 유튜브를 통해 네일 아트 기술을 영상으로 교육하고 있다는 것이다.

당연히 현장에서 직접 지도하는 것이 훨씬 더 효과적이다. 네일 아트에 필요한 재료들은 미국의 사업가가 대부분 지원해 주고 있다. 이곳은 재능이 있다면 재능 기부도 필요한 곳이다. 아울러 필요한 재료와 물품 지원도 필요한 곳이다.

네일 아트 재료와 같은 재료들도 필요하지만 의료 용품 역시 많은 지원이 필요하다. 이들은 병원 가는 것이 힘들다. 병원에 갈 만한 돈이 없다. 약을 사는 것도 힘들다. 미국에서 김송식 교수님과 사모님은 선교지에 약을 지원하는 프로그램을 통해서 약을 공급해 주신다. 기초적이고 필수적인 약은 어떤 것이라도 필요하다.

약과 함께 여성 용품도 많이 필요하다. 여성들에게 필요한 용품은 많으면 많을수록 좋다. 필요한 여성 용품을 공급하는 일도 꼭 필요한 사역이다.

### 8) 미용 기술(화장 & 헤어)

미주 남가주 LA에 하나교회를 담임하는 박지상 목사님은 메이크업 아티스트다. 헤어 디자이너이기도 하다. 박지상 목사님은 목회자로 부르심을 받기 전에 메이크업 아티스트로 일하셨다. 이름만 대면 알 만한 한국 톱스타 여배우의 전속 메이크업을 담당하기도 했다.

미국에 와서도 이 일을 계속하셨다. 그리고 하나님의 부르심을 받았다. 그런 박지상 목사님이 인도네시아 사역에 동참하셨다. 미용을 위한 직업 훈련을 위해서다. 목사님은 프로답게 헤어 기술을 전수해 주고 있다. 자신의 재능을 기부하고 있다. 물론 이 모든 것은 박지상 목사님의 자비량 사역이 이루어지고 있다.

사역 지원을 요청하는 설교나 글을 쓰면서 왠지 속물 같은 느낌이 든다. 하지만 여러분께 재능을 기부하거나 필요한 물품을 기증해 달라고 말하는 것은 왠지 아주 기쁘게 요청할 수 있을 것 같다. 어떤 재능도 좋다.

영어 캠프도 좋다. K-Pop이나 문화도 좋다. 인터넷 기술이나 컴퓨터 기술도 좋다. 여러분들이 잘할 수 있는 어떤 재능이라도 시간과 재능을 기부해 주길 부탁드린다.

### 9) 현지 아프가니스탄 긴급 구호비

지금까지 인도네시아 사역에 필요한 재정 후원 내역비는 그런대로 예측 가능한 항목들이다. 신학교 수업료, 행정료, 오토바이, 보험료, 연료비, 주거비 등은 예측 가능하다. 때론 지출이 예상보다 많아 당황스러울 때가 있지만 그런대로 예측 가능한 항목들이다.

현지 아프가니스탄 긴급 구호비는 전혀 예상을 할 수 없는 항목이다. 액수도 예측 불가능하다. 언제 필요한지 알 수도 없다. 그렇다고 여유롭게 재정을 적립해 놓고 사용하기에는 언제나 재정이 부족하다.

인도네시아에 나와 있는 난민들은 아프가니스탄 현지 가족들과 연결되어 있다. 직계 가족뿐만 아니라 처가 쪽 가족과도 여러 가지 상황으로 얽혀 있다. 인도네시아 난민으로 각각 나와 있으면서 아프가니스탄의 부모님들의 결정으로 인도네시아에서 만나 결혼하는 경우가 있을 정도다. 물리적으로 떨어져 있지만 가족 관계와 사회적 관계는 매우 친밀하다.

아프가니스탄을 탈출한 사람들은 가족들의 대표격으로 아프가니스탄을 탈출해 왔다. 본인들이 제3국으로 이주하면 아프가니스탄에 있는 가족들을 책임지고 돌봐야 한다. 아프가니스탄 현지에서 가족들이 긴급한 상황을 알려 오면 예상하지 않았던 긴급 구호를 해야 하는 경우가 발생한다.

B자매의 아버지는 딸이 미국의 주둔 아래 경찰이었다는 이유로 감시와 핍박을 받았다. 재산과 토지를 압수당해 살길이 막막해 시집간 둘째 딸을 찾았다. 하지만 둘째 딸 역시 쌀 한 톨 살 수 있는 재정적 여유가 없었다. 피를 팔아 생계를 유지했지만 더 이상 피를 사는 사람도 없다. 마음에 결심을 하고 신장 하나를 팔 생각을 하고 장기 매매를 시도했지만 이 일에 몰려든 사람이 많아 1천 불 이하로 거래되고 있었다.

병든 아내, 굶기를 밥 먹듯 하는 현실에서 결국엔 죽는 길을 택할 수밖에 없는 절박한 상황을 B자매는 알게 되었다. 선교사님께 상황을 말씀드렸다. 마침 미국에 있는 교회들이 선교사님께 사역에 필요한 구제 헌금을 보냈다. 선교사님의 은행 잔고에서 파키스탄을 거쳐 아프가니스탄의 가족에게 비상 긴급 구호 자금이 지원되었다.

죽기를 각오하고 집으로 돌아온 아버지는 딸이 보내온 돈을 받았다. 얼마 후 아버지는 딸과 통화하면서 이 물질이 미국의 교회들이 자신들을 위해 지원해 준 헌금임을 알았다. 복음에 대해 완강하게 거부하던 아버지는 복음을 받아들였다. 마음을 열고 그리스도의 사랑을 받아들였다. 즉시로 작은딸에게도 먹을 것과 필요한 생계비가 전해졌다. 딸과 작은 사위도 복음을 받아들였다. 아버지는 가정교회의 지도자가 되어 지금은 가정교회를 세워 나가고 있다.

아프가니스탄 현지 사역 지원비는 예측 불가능한 사역이다. 누구도 예측하기 어려운 상황에서 도움이 요청된다. 이 사역은 영혼을 얻는 직접적인 사역이다. 이 사역으로 많은 가정교회가 하나님께 돌아오고 있다. 이 사역에도 물질이 필요하다.

아프가니스탄은 탈레반의 악행으로 인해 모든 물자가 극도로 필요하다. 추운 겨울을 나기 위해 난방에 필요한 연료 공급도 필요하다. 아프가니스탄의 겨울은 춥기로 정평이 나 있다. 연료 공급이 제대로 되지 않으면 얼어 죽는 사람들이 속출한다. 현지 아프가니스탄을 위한 재정 지원이 절실한 이유다.

아프가니스탄의 형제자매들은 상실을 경험한 사람들이다. 상실의 경험은 사람마다 다양하게 다가올 수 있다. 그 상실감의 깊이와 체험이 각자 다르지만 개개인이 느끼는 상실의 고통과 무게는 큰 것이다. 아프가니스탄 난민들은 그 상실의 경험이 복합적이다. 한 사람이 하나의 상실감만으로도 인생에 어려움을 경험할 수 있는데, 아프가니스탄의 형제자매들은 그런 종류의 상실감을 몇 개씩 경험하며 살아간다.

이 모든 상황 가운데서 정작 내가 염려하는 것은 이들이 미래의 꿈마저 상실하는 것이다. 이들의 상실감을 막을 수 있는 유일한 방법은 각각에 필요한 형태로 다가오는 사랑이다. 이들에겐 어떤 형태의 사랑이든 이들의 상실감을 치유하기에 부족함이 없다. 상실감 때문에 낙심한 영혼들을 일으켜 세우는 데 있어 사랑만큼 완전한 것은 없다.

상실감을 경험하면 예민하고 날카로워진다. 아주 사소한 것에도 반응한다. 이것이 부정적인 상호 작용으로 나타날 수도 있지만 긍정적으로도 나타난다. 아주 작은 사랑에도 이들은 반응한다. 이미 예민하고 날카로워져 있기 때문이다. 이렇게 예민하고 날카로워져 있는 저들의 삶을 보면 마음이 아프다. 하지만 또 감사한다. 나처럼 미숙한 사랑에도 뜨겁게 반응하는 힘은 그 예민함에서 나오기에 그렇다. 누군가 이런 상황을 "상처 입은 치유자"라고 했다.

이들을 도와야 한다는 이 글에 예민하게 반응되고 있다면 그것은 축복이다. 그 예민함이 때론 다른 사람들에게 까칠함으로 비춰지겠지만 섬세한 감각으로 반응할 수 있는 이들로 인해 아프가니스탄 형제자매들에게 필요한 것들이 채워지고 있다. 재능 기부이든 재정 후원이든 필요한 사역에 동

참고하고자 한다면 이 책 표지에 표기되어 있는 이메일(visionland21@gmail.com )
로 문의해 주실 것을 요청드리는 바이다.

## 15. 하나님은 아프가니스탄을 떠나신 적이 없다

어느덧 강의는 마지막을 향해 열심히 달려가고 있다. 토요일 오전까지 계획이 있지만 금요일 저녁이면 대략적으로 모든 강의가 마무리된다.

역사를 바라보는 다양한 시각이 있다. 그중 하나는 '역사는 반복된다'이다. '역사는 돌고 돈다'는 시점도 역사를 바라보는 큰 관점 중 하나다. 강의가 시작되기 전, 권용준 선교사님은 자신이 통역을 하면서 오히려 더 많은 것을 배우고 있다고 말씀하셨다.

한 가지 아쉬움이 있다면 역사적 시각 속에서 자신의 사역을 한 번쯤 돌아보는 시간이 있으면 좋았을 것이라고 하셨다. 그러면서 모든 선교사가 떠난 지금, 아프가니스탄은 앞으로 어떻게 될지 염려스럽다고 말씀하셨다.

나는 그때 무슨 근거로 이런 이야기를 했는지 알 수 없지만 분명 이렇게 말했다.

"하나님은 여전히 아프가니스탄에 계십니다. 하나님은 아프가니스탄을 떠나신 적이 없으십니다. 하나님이 무슨 일을 하실지 같이 바라보시죠."

하나님의 음성을 들었거나 계시를 받은 것은 아니다. 통상적으로 목사의 입장에서, 혹은 그리스도인의 시각으로 답할 수 있는 것이었다.

금요일 오전 강의를 마치고 에세이 과제를 내주었다. 그 주제들은 다음과 같다.

- 역사를 주관하시는 하나님이 앞으로 아프가니스탄과 난민들을 통해서 일하실 역사는 무엇인가?
- 지금의 역사 속에서 여전히 하나님은 아프가니스탄에서 일하시는가?
- 난민으로 나와 있는 우리는 역사 속에 어떤 의미인가?

현실을 바라보면 대단히 비관적이고 부정적일 수 있는 명제였다. 이것은 신학생들에게 한 질문이었지만 사실상 인도네시아에 난민 신학교를 통해 강의를 시작한 나 자신에게 던진 질문이었다.

다음 날, 각자 정리해 온 에세이를 발표하는 시간을 가졌다. 9명의 신학생과 함께 각자의 에세이를 발표하고 정리하면서 우리는 한 가지 결론을 함께 만들었다. 그 결론은 바로 이것이다.
'하나님은 단 한 번도 아프가니스탄을 떠나신 적이 없다.'

난민으로 나온 것이 이들에게는 축복임을 고백했다. 아프가니스탄을 탈출해 나오니 객관적 시각으로 나라와 민족을 바라볼 수 있게 되었다. 본인들 스스로 내린 결론이 앞으로 어떤 결과를 가져올지 모른 채 우리는 강의를 마치고 서로를 위해 기도했다. 이후 많은 영혼이 하나님께 돌아오는 역사가 있었다. 모든 영광을 하나님께 올려 드린다.
그 이후 회심의 역사가 계속 일어나고 있다. 하나님이 지금도 일하고 계신다. 강의를 마친 후 권용준 선교사는 아프가니스탄과 인도네시아에서 일어나고 있는 회심의 역사를 알려 왔다. 선교사님이 보내 주신 편지와 기도 제목을 소개하는 것으로 지금 하나님이 하시는 일을 나누는 기쁨을 함께 누리고 싶다. 선교사님으로부터 온 편지는 다음과 같다.

> 늘 따뜻한 사랑으로 기도하고 응원해 주시는 덕분으로 10월 12일 수요일에 세례식을 하기로 했습니다.
>
> 어른 16명(남 13명, 여자 3명), 어린아이 7명(남아 3명, 여아 4명), 유아(여 1명) 등 총 24명의 아프가니스탄 난민들이 3개월간의 새신자 및 세례식 교육을 감사히 잘 마치고 세례를 받게 됐습니다. 끝까지 은혜롭게 세례를 받고 확실한 믿음의 사람들이 되도록 기도 부탁드립니다.
>
> 행복한 하루 되세요.

권용준 선교사는 침례자 명단을 함께 보내 주셨다. 신학교 강의가 끝나고 2달이 지나는 동안 이렇게 많은 형제자매가 침례를 받게 되었다. 하나님의 역사와 은혜가 아니고는 일어날 수 없는 일이다.

내가 선지자적 예언의 은사가 있어서 이런 일이 일어날 것을 알았거나, 역사적인 혜안과 선구안이 뛰어나 예측할 수 있었던 것은 더더욱 아니다. 미국과 서방 국가는 아프가니스탄에서 떠났다. 하지만 이 모든 일이 가능한 것은 하나님은 여전히 이들과 함께하시기 때문이다.

너무나도 분명한 것은 이들이 아프가니스탄 현지에 있었다면 예수님을 영접하고 그리스도인이 될 확률이 훨씬 더 낮아졌을 것이다.

권용준 선교사도 아프가니스탄을 떠날 때 앞으로 아프가니스탄의 미래가 어떻게 될지 걱정을 많이 했다고 한다. 그러나 하나님은 난민이란 특수한 상황을 통해 이들을 자신의 자녀로 부르셨다. 고향 아비 친척 집을 떠나야만 복음과 은혜를 받아들일 수 있는 사람들이 있다.

하나님은 아브라함에게 "너의 본토 친척 아비 집을 떠나"(창 12:1, 개역한글)라고 말씀하셨다. 아프가니스탄에서 미국과 서구의 기업들이 떠나고 선교사들이 떠났지만 지금 더욱 활발히 가정교회가 세워지고 있다.

하나님은 한 번도 아프가니스탄을 버렸거나 떠나시지 않았기 때문이다.

---

**[침례(세례)자 명단]**

AHMADI, Ali Akbar (1985. 1. 1. 남)

BEHZAD, Elsmatullah (1988. 1. 1 남)

IBRAHIMZADA, Enayatullah (1983. 1. 1. 남)

IBRAHIMZADA, Fatima (1989. 1. 1. 여)

IBRAHIMZADA, Roya (2011. 4. 10. 여)

IBRAHIMZADA, Rahim (2016. 1. 1. 남아)

IBRAHIMZADA, Rojak (2017. 11. 25. 여아)

IBRAHIMZADA, Rubina (2020. 8. 7 여아)

IBRAHIMZADA, Mohammad Mehdi (2006. 5. 5. 남)

IBRAHIMZADA, Ali Daryab (2001. 2. 10 남)

REZAIE, Mohammad Jawad (2002. 1. 1. 남)

KHAWARI, Murtaza (1998. 1. 1. 남)

SYARIFI, Ali Dost (1985. 1. 1. 남)

SYARIFI, Hakima (1991. 1. 1. 여)

SYARIFI, Madina (2010. 1. 1. 여)

SYARIFI, Kamila (2012. 1. 1. 여)

SYARIFI, Jan Hussain. (2016. 3. 1. 남아)

SYARIFI, Peyman Hussain (2017. 12. 8. 남아)

REZAIE, Asadullah (1988. 3. 21. 남)

Mohammad Shayan Hussaini (1998. 1. 1. 남)

HAIDARI, Mohammad Aqa (2002. 7. 23. 남)

RAFIE, Yahya (1997. 7. 24. 남)

선교사님이 보내 주신 침례자 명단을 살펴보면 젊은 사람이 대부분이다. 80년대 후반부터 2천 년 초반대의 젊은 청년층의 변화가 두드러지게 나타나고 있다. 그만큼 난민 중에 젊은 MZ세대가 많다. 이들은 아직 젊다. 젊다는 것은 많은 가능성이 있다는 것을 의미한다. 그것도 무한한 가능성을 말이다. 이들이 변화된다면 앞으로 50년 이상 그리스도인으로서의 삶을 살아내야 한다. 즉, 그들에게 많은 시간이 있다는 것을 의미한다.

한국 교회에서는 MZ세대가 교회를 떠나고 있지만, 이곳의 젊은이들은 희망을 찾아 교회공동체로 찾아오고 있다. 난민 캠프에 가 보면 젊은이들을 많이 만나 볼 수 있다.

아프가니스탄에서도 젊은 사람들이 미래를 위해 먼저 아프가니스탄을 탈출했다. 아프가니스탄 내에 젊은이들에겐 소망을 찾아볼 수 없다. 탈레반이 정부를 장악한 후 이슬람의 원리를 따르지 않으면 무엇도 직업으로 선택하는 것이 허용되지 않는다.

선교사님이 보내 주신 침례자 명단을 보면 또 한 가지 특징을 발견할 수 있다. 그것은 이들의 라스트 네임(가족의 성씨)이 같은 사람이 많다는 것이다. 이런 현상은 이슬람권 사역이 힘든 이유 중 하나다. 그런데 이것은 이슬람권 사역에 있어 장점이 될 수 있는 부분이다. 가정 단위로 개종과 회심이 일어나기 때문이다. 가족 구성원 중 영향력 있는 인물이 있다면 그 가족 구성원 전체가 예수님을 받아들일 가능성이 많다. 같은 이유로 이것이 큰 어려움이 될 수도 있다. 마지막까지 가족 구성원이 반대하면 회심한 가족 일원은 매우 힘든 시기를 거쳐야 하기 때문이다.

난민들에겐 더 이상 꿈이나 희망을 찾을 방법이 없다. 그들이 무능하기 때문이 아니다. 그들이 노력하지 않아서도 아니다. 그들에게 소망과 희망을 다시 찾아 주기 위해 모든 노력을 다해야 한다. 그래서 이들에게 예수님이 필요하다. 예수님을 통해 다시 꿈꾸는 삶이 필요하다. 이들에게 예수님만이 유일한 소망임을 깨닫는다.

난민 사역과 아프가니스탄 형제자매들을 보고 분명하게 느끼는 것이 있다. 하나님이 이렇게 많은 젊은이를 불러내셔서 난민으로 살아가게 하신 이유가 있을 것이라고 믿는다. 이들은 미래에 너무나도 훌륭한 지도자가 될 것이다. 이들은 아프가니스탄의 미래 자산이 될 것이다. 가족 단위로 변화되는 것을 통해 아프가니스탄의 변화를 이끌 것이라고 확신한다.

가족 단위로 변화되는 것을 통해 자연스럽게 초대 교회 같은 가정교회들이 세워진다. 강력한 초대 교회의 역사를 이룬 가정교회의 역사가 아프가니스탄에도 지금 강력하게 일어나고 있는 것을 깨닫게 되었다.

침례교단은 교회의 전통에 따라 유아들에게 침례를 베풀지 않는다. 자신의 의지를 사용해 신앙의 고백을 할 수 있는 연령에 이르러야 침례 의식에 참여할 수 있다. 침례자 명단을 보면 아직 침례를 받을 만한 연령이 되지 않은 자녀들도 포함되어 있다.

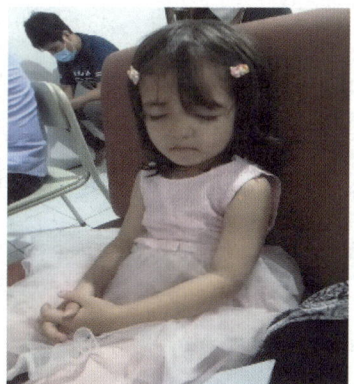

**자녀들이 함께 예배하는 모습**

이슬람권은 특수한 상황 속에 놓여 있다. 부모들과 함께 회심의 역사를 경험하게 되면 즉시로 침례까지 신앙고백을 하는 것이 중요하다. 온 가족이 침례를 받아야만 다시 이슬람으로 돌아가지 않는다.

이들은 어려서부터 철저한 이슬람 교육을 받는다. 나이가 어리다고 이슬람 교육에서 제외되지 않는다. 걸음마와 옹알이를 시작하는 단계에서부터 철저한 이슬람의 일원으로 코란과 이슬람의 율법을 교육받는다. 그러므로 이들이 스스로 신앙고백을 할 수 있는 나이가 아니어도 아프가니스탄의 문화 속에서 이들을 공동체의 일원으로 받아들이는 것은 당연하다.

나는 여전히 침례교 목사다. 스스로 신앙고백을 할 수 있는 인지 능력이 생길 때, 침례를 받는 것이 옳다고 믿는다. 그러나 특별한 예외 규정으로 인정해야 하는 넉넉함이 필요하다고 믿는다.

선교지의 세상은 온갖 부정적이고 비판적인 언어와 단어를 조합하여 만들어 놓은 사전과 같다. '선교'라는 단어에서 이미 우리는 노예근성처럼 지울 수 없는 고정적인 생각의 관념들이 먼저 떠오른다.

'꿈과 소망도 없는 그곳이라든지, 고향을 떠나 떠도는 사람들이라든지, 문화적으로 미개하고 부족한 지역이라든지….'

선교는 이런 부정적인 단어들을 하나님의 언어와 말로 재배열하여 새로운 책을 쓰는 일이다.

새롭게 배치하는 일과 사랑의 언어로 문장을 만드는 일을 함께한다면 더 풍성한 문장들을 써 내려갈 수 있을 것이다. 아프가니스탄 형제자매들에게도 희망과 소망의 문장을 써 내려갈 수 있도록 손을 내밀어 준다면 아름다운 이야기는 계속될 것이다.

# 제2부
# 열매가 맺히기 시작하다

## 1. 드디어, 9명이 졸업하다

게이트웨이신학교(이하 게이트웨이)는 2년 과정으로 커리큘럼이 짜여 있다. 그러나 코로나로 인해 얼마간 강의가 중단되었다. 코로나 백신이 개발되고 각국의 제재가 완화되기 시작했을 때, 신학교 강의가 다시 시작되길 원했다. 코로나는 많은 것을 변화시켰다. 신학교에도 큰 변화가 있었다. 마음 아프고 가슴 시린 변화가 있었다.

인도네시아 신학교가 시작될 수 있었던 것은 샌프란시스코 근교에서 목회를 하시던 신기황 목사님의 강력한 추진력 때문이었다. IMB(International Mission Board) 국제 선교 단체의 난민 사역을 통해 아프가니스탄 난민 사역을 경험하신 신 목사님이 막 회심의 역사를 시작한 아프가니스탄 난민 형제들을 만났다.

권용준 선교사님은 이들에게 좋은 성경 공부 과정이 있다며 소개하여 신앙의 성숙을 돕기 원하셨다. 하지만 하나님의 역사는 다른 곳에 있었다. 신기황 목사님은 이들을 신학 공부를 통해서 목회자로 양성하여 아프가니스 탄에 선교사와 목사로 파송하는 것이 하나님의 뜻이라고 강력하게 주장하셨다. 신 목사님은 미국으로 돌아오셔서 학교 관계자들을 만나기 시작했다.

신 목사님께서는 학교 관계자들을 설득하여 인도네시아 아프가니스탄 난민을 위한 신학 과정을 개설해 달라고 요청하셨다. 박지원, 김송식, 황규환 교수님과 목사님들의 수고로 드디어 4년 전, 신학 과정이 열리게 된다. 하지만 코로나로 인해 지난 2년 동안 신학교 교육을 중단하는 사태를 맞이했다.

코로나 기간 동안 신기황 목사님이 코로나로 소천하셨다. CLD(Contextualize Leadership Development, 이하 CLD) 과정을 처음 시작하셨고 인도네시아 난민 신학교의 역사적인 첫 강의를 하신 목사님의 소천은 너무나도 충격적이었다.

홀로 고분분투하던 목사님의 소천으로 동역했던 목사님들은 더욱 각성하게 되었다. 우리는 왜 하나님께서 신 목사님을 빨리 데려가셨는지 모른다. 주변의 목사님들도 충격에 빠졌다. 아직 시작도 제대로 하지 못한 신학교는 어찌 될 것인지 아무도 알 수 없는 상황 속으로 빠져들어 갔다. 혼동 그 자체였다. 일은 벌려 놓았는데 수습할 수 있는 방법이 없었다. 이런 안타까운 상황을 지켜보던 동역자 목사님들의 헌신이 시작되었다.

김송식 목사님은 모든 커리큘럼과 학교에 필요한 강의를 위한 교수들을 모집하셨다. 학교에 교수 요원들을 모집하고 1기와 2기 신학교 학생들의 모집과 수강신청, 졸업고사, 학사관리 일정을 맞아 학생들이 공부와 졸업을 할 수 있는 모든 일정을 짰다.

　황규환 목사님은 재정 이사직을 맡으셨다. 말이 좋아 이사직이지 자비량으로 물질을 쏟아부어야 하는 직무이다. 황 목사님은 학생들을 위한 장학금과 학비, 비용을 지원하고 필요한 재정을 위해 백방으로 수고하고 계신다.

　박지원 교수님은 학교의 모든 행정적인 부분을 처리해 주신다. 학교의 행정적 서비스와 서류 및 모든 행정 서류에 대한 사무를 처리해 주신다.

　고상환 목사님, 정병인 목사님은 교수로 강의를 담당해 주신다. 나도 늦게나마 교수 요원으로 참여하여 역사 과목을 담당하고 있다.

　김송식 목사님은 마지막 종합시험을 감당하셨다. 24학점의 과목 평가와 교수 평가를 통해서 졸업식에 필요한 졸업 사정회를 열었다. 각 과목의 평가와 함께 졸업시험을 봤다. 부족한 부분은 조건을 더해 필요한 레포트를 제출하도록 했다. 그 모든 일련의 과정을 모두 통과한 9명의 학생들이 전원 졸업 허가를 받았다.

　게이트웨이 이사회는 이들의 졸업을 허가해 주었다. 게이트웨이 역사상 아프가니스탄의 형제자매들이 졸업장을 받는 것이 처음이었다. 학교가 개교한 이래 80년 동안 없었던 문이 열린 것이다.

　박지원 목사님으로부터 **학교의 졸업 승인이 확인된 이메일을 받았다.** 한 사람의 낙오도 없이 전원이 모두 졸업을 한 것이다.

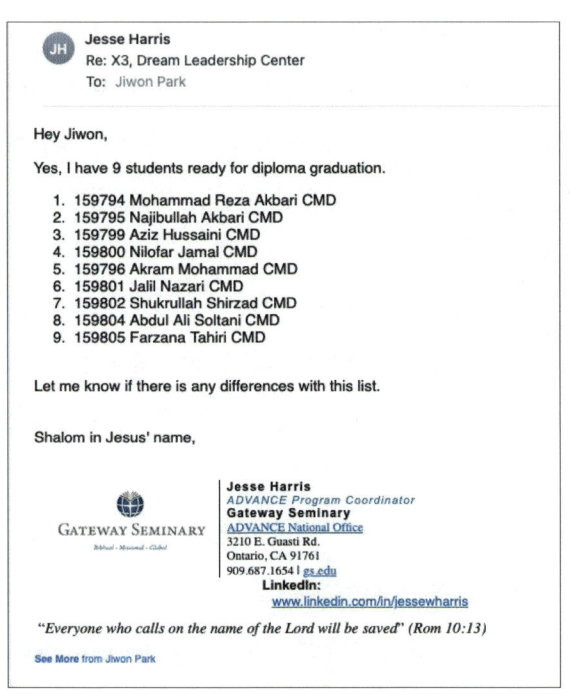

학교로부터 받은 졸업 허가 메일

역사에서 가정이란 없다. 역사를 가르치는 사람이 가정을 말하는 것은 역사를 논할 자격이 없는 것이다. 하지만 이 과정을 처음 시작한 신기황 목사님이 살아 계시다는 가정을 한다면, 그분은 틀림없이 기뻐하셨을 것이다.

현재 그분은 이곳에 계시지 않는다. 하나님의 부르심을 받았다. 그러나 그분은 한 알의 밀이 땅에 떨어지면 30배, 60배, 100배의 결실을 맺는다는 사실을 증명하셨다.

한 사람의 비전과 기도로 시작되었지만 이젠 많은 사람의 비전과 사역이 되었다. 9명의 신학생이 졸업을 하게 되었고 그중 두 사람은 목사 안수를 받게 되었다.

졸업식에서 졸업생들과 함께

이들은 자카르타에 있는 한인 교회의 도움으로 졸업식을 할 수 있었다. 졸업식 장소를 제공해 주시고 풍성한 식사로 졸업 예배를 섬겨 주셨다. 푸짐한 선물도 제공해 주셨다. 따뜻한 사랑과 섬김의 손길을 경험한 학생들은 감격의 눈물을 흘렸다. 하나님께 감사했고, 교수님에게 감사했고, 한인 학생들과 선교사님께 진심 어린 감사를 전했다.

나도 많은 졸업식을 참여해 봤지만 참으로 감격스러운 졸업식이었다. 인도네시아에서 아프가니스탄 형제자매를 위한 신학교 졸업식이라니! 한 번도 그림을 그려 본 적이 없는 사역의 결과와 열매였다.

하나님은 힘도 없고 능력도 없는 우리를 사용해 일하신다. 보잘것없고 마른 막대기 같은 사람들 속에서 역사하신다. 하나님은 가난한 이, 굶주리고 상처받은 이, 비자가 없는 이, 생계 수단과 유지가 불가능한 이, 자살 폭탄 테러에 시달리는 이, 예수를 영접하여 이혼당한 이, 인터넷과 전기가 없어 국경까지 와야 하는 사람들 속에 계신다.

세상적인 기준의 성공과 성취, 영향력, 권력에 초점이 맞추어져 있다면 결코 찾을 수 없는 하나님이다. 하나님께로 향하는 우리의 충성은 부서진 관계와 외로운 마음, 거절된 인생, 부정당한 존재 속에 얼마나 가까이 다가가고 있는가로 결정된다. 교회와 그리스도인들에게 마지막 희망과 소망이 있다면 이들과 친밀함을 유지하는 것이다.

인도네시아 신학교 사역의 열매는 교회 안에서도 세상적인 성공의 기준 가운데 있던 나의 시선과 마음을 다잡아 다시 하나님이 원하시는 삶의 현장으로 돌렸다는 데 있다. 그곳에서 분명히 하나님이 원하시는 열매들이 맺혀질 것이다.

### 1) 계속되는 사역의 열매들

그 이후에도 하나님의 역사와 축복은 계속되었다. 우리는 잠시 그곳에서 하나님의 말씀과 사역을 감당했을 뿐이다. 일주일의 사역을 마치고 돌아온 후에도 하나님은 놀랍도록 역사하셨다. 선교사님은 계속 맺혀지고 있는 사역의 열매들에 대한 소식을 전해 오셨다.

지금부터는 선교사님이 직접 보내온 사역의 이야기를 전하는 것이 좋겠다고 생각했다. 선교사님의 글을 잘 마사지해서 아름다운 이야기로 좀 더 포장할 수도 있겠지만, 그것은 하나님의 역사를 왜곡하는 일일 수 있기에 선교사님의 사역을 날것 그대로 소개한다.

지난 11일에는 6명의 개종한 난민들(형제 5명, 자매 1명)이 주님의 은혜로 침례를 받았습니다. 침례 받기 전까지 긴장도 하고 여러 복잡한 마음으로 인해 불안해하던 형제자매들이 침례를 받는 순간, 하나님의 따뜻한 마음을 느끼며 평안을 찾았다고 간증하며 하나님의 가족으로 다른 믿음의 형제자매들과 온전한 가족이 된 것에 엄청 기뻐하고 감사하며 함께 찐한 은혜를 나누었습니다.

세례식과 성찬식을 한 후에는 모두 잔치 모드로 들어가 각 가정교회 찬양팀을 선정해 찬양 대회를 했습니다. 정말 뜨겁게 열정을 다해 하나님을 찬양한 시간이었습니다. 그 속에서 하나님께서 특별히 부어 주신 은혜를 체험하며 서로를 축복하며 하나가 되는 감동의 시간이었습니다.

난민 학생 4명에게 태권도 승품 심사를 했습니다. 어린 학생들이 진지하게 심사를 받고 기뻐했습니다.

코로나 사태로 인해 태권도 사역이 많이 위축됐습니다. 이번 심사를 계기로 다시 활기를 찾아 더 많은 학생이 태권도를 배우고 예수님의 제자가 되는 통로로 더 많이 사용되도록 기도 부탁드립니다.

8월 23일에는 게이트웨이 1기 신학생 중 2명의 형제가 목사 안수를 받았습니다. 존과 다니엘 형제가 목사 안수를 받았습니다. 이를 위해 미국에서 4명의 목사님과 베트남에서 2명의 목사님께서 오셔서 목사 안수식을 인도해 주실 것입니다. 성령님께서 함께하심으로 은혜와 감동이 넘치는 안수식이 되길 기도합니다.

더불어 새롭게 하나님께 헌신한 17명의 학생들, 게이트웨이 2기 신학생들을 위해서 기도해 주시기 바랍니다. 이번엔 난민 4명, 아프가니스탄 내 10명, 이란인 3명이 현장에서 줌으로 함께 신학교 과정에 참여합니다.

안전 및 온라인 수업 병행 등 여러 어려움이 있지만 복음의 열정으로 시작한 만큼 하나님의 특별한 보호하심과 도우심으로 은혜롭게 잘 마칠 수 있도록 기도 부탁드립니다.

가정교회

### 계속되는 인도네시아의 아프가니스탄 난민 사역

지난 1월 초에는 수마트라에서 체류 중이던 알리 악바르 형제가 예수님을 믿고 개종했다고 인도네시아 무슬림이 칼을 들고 찾아와 죽이겠다고 협박해 UN 난민기구와 이민국 경찰에 신고했습니다. 그러나 최종적으로 아무런 도움을 주지 못하니까 방 안에만 있던지 수마트라 지방을 떠나라 라고 해서 이곳에 와서 방을 얻어 지내며 믿음을 더 키워 나가고 있습니다.

이 형제가 게이트웨이 2기 신학생이 되어 아프가니스탄 사람들과 이슬람들에게 하나님의 말씀을 가르치는 종이 되겠다고 서원해 준비 중에 있습니다.

알리 악바르

하미다

또한 2월 초에는 아프가니스탄에서 경찰로 근무하던 '하미다'라는 자매가 탈레반 정부로부터 계속 살해 위협을 받아 피해 다니던 중 먼 친척인 알리 악바르 형제에게 복음을 들었습니다. 이에 예수님을 영접하고 조심스럽게 신앙생활을 하던 중이었는데, 더 이상 아프가니스탄에서 숨어 있을 수가 없어 가족들의 도움으로 극적으로 탈출해 이곳으로 무사히 잘 도착했습니다.

하미다 자매도 탈레반으로부터 당한 상처를 치료하고 함께 예배를 드리며 신앙을 키워 나가고 있습니다.

이들이 이곳에서 난민으로 잘 체류하다 정착지로 떠나 아프가니스탄 교회를 개척할 수 있도록 기도 부탁드립니다.

아프가니스탄의 상황이 아주 안 좋다 보니 심령이 가난해져 복음이 계속 전파되고 있습니다. 7개의 가정교회가 카불 다스테 바르치 지역과 바미안, 조구리에서 세워졌습니다. 이들 가정교회가 노출되지 않고 든든히 세워지도록 특별히 기도 부탁드립니다. 이들의 어려움을 도울 수 있는 돕는 손길도 이어질 수 있도록 기도 부탁드립니다.

이곳 자카르타국제대학교(이하 JIU)의 도움으로 아프가니스탄에 있는 버키르 형제, 화티마 자매, 자흐라 후사이니 자매 등 3명을 구출하고자 준비하고 있습니다. 유학생 비자가 계획대로 잘 나오고 이들의 항공비가 잘 준비될 수 있도록 간절히 기도 부탁드립니다.

버키르

화티마

자흐라 후사이

1월 27일부터 2월 3일까지 게이트웨이 1기 신학교 마지막 과목 수업을 잘 마쳤습니다. 미국에서 김송식 목사님께서 오셔서 전도학 강의를 하셨고, 졸업 시험도 치뤄 9명의 신학생 모두 합격해 졸업을 하게 됐습니다.

4년 동안 학비와 강의, 기도로 섬겨 주신 WCAN 황규환 목사님과 모든 분께 진심으로 감사를 드립니다. 이들이 계속 쉬지 않고 더 노력해 하나님께 쓰임 받는 귀한 종들이 되도록 기도 부탁드립니다. 아울러 게이트웨이 2기가 계획대로 잘 진행될 수 있도록 함께 기도 부탁드립니다.

8명의 신학생과 4명의 리더를 중심으로 12개의 가정교회가 세워졌습니다. 참된 한마음으로 기도하며 주님을 예배하고 복음을 전하는 처소로 잘 사용돼 더 부흥되도록 기도 부탁드립니다.

이곳 공동체에 매주 금요일과 주일에 50여 명이 대면으로, 40여 명이 온라인 줌을 통해 기도와 예배를 드리고 있습니다.

성령님이 임재하심으로 모두들 뜨겁게 신앙이 자라 담대히 복음을 전하는 신실한 예수님의 제자들이 되도록 기도 부탁드립니다.

그동안 코로나로 인해 많이 위축됐던 태권도 사역이 다시 활기를 띠기 시작했습니다. 더 많은 난민이 태권도를 배우러 와서 태권도 제자가 되고 이들이 복음을 받아들여 예수님의 제자가 되도록, 그리고 태권도 선교사의 비전을 품고 있는 잘릴이 이곳에서 잘 훈련돼 정착지에 가서는 원하는 대로 태권도 선교사가 돼 하나님께 크게 쓰임 받을 수 있도록 기도 부탁드립니다.

2월 6일에는 자카르타 소재 KB손해보험 지사에서 난민 학교를 방문해 안전 헬멧과 선물 등 푸짐한 사랑을 나눴습니다.

모두들 외롭고 힘들어하던 시간에 맞이한 따뜻한 사랑이라 그런지 어쩔 줄 몰라 하며 기뻐하고 감사해했습니다.

난민 학교 학생 및 학부모, 선생님들이 이를 통해 예수님의 사랑을 느끼고 복음을 받아들이는 통로가 되도록 기도해 주시기를 부탁드립니다.

여기까지 선교사님이 보내 주신 사역에 대한 이야기를 살펴보았다. 더 많은 이야기가 있지만 형제자매들의 정보를 노출시킬 수 없어 더 이상 전할 수 없는 이야기도 많다. 자신들의 신분이 노출되면서까지 글을 쓸 수 있도록 해 주신 형제자매들이 큰 용기를 낸 결과다.

선교사님의 사역 보고를 보았다. 놀라운 일이 일어나고 있다. 현지 선교사가 없는 아프가니스탄에서의 교회 개척이 일어나고 있다. 무슬림이 변하여 목회자가 되었다. 폭탄 테러가 일상인 현지에서 목숨을 바쳐 복음을 전하고 있다.

우리는 강의를 위해 잠시 머물렀을 뿐이다. 인도네시아와 아프가니스탄에서는 하나님께서 하나님의 일을 하나님께 순종하는 사람들을 통해 하고 계시다. 우리는 저마다 각자의 세속적이고 논리적인 이론으로 하나님의 일하심을 제한하며 살아간다. 하지만 하나님이 일하시는 선교지에서 우리는 제한받지 않고 일하시는 하나님의 역사를 볼 수 있다.

예수께서 이 세상에 가장 많은 제약을 받아야 하는 어린아이의 모습으로 오신 이유가 있다. 우리가 받는 제약을 친히 경험하시고 제약받지 않는 하나님의 능력이 무엇인지 보여 주시기 위함이다. 지금도 아프가니스탄과 인도네시아를 넘나들며 역사하시는 하나님의 축복을 가장 제약이 많은 선교 현장에서 경험하고 있다.

아프가니스탄의 형제자매들이나 인도네시아의 난민들이 그리스도인이 되는 것이 오히려 쉬울 수 있다. 그러나 그리스도인으로 사는 것은 매우 용기가 필요하다. 어쩌면 그리스도인이 되는 것보다 그리스도인으로 사는 것이 더 용기를 내야 하는 일이다. 이들에게 용기를 내야 한다는 것은 지금까지 살아온 자신들의 모든 존재를 부정당할 수 있음을 인정하는 것이다.

자신들이 용기를 내야 한다는 말은 자신들이 처해진 상황과 처해질 상황을 충분히 인식하고도 남는다는 의미이다. 그 처한 상황과 처해질 상황이 자신들을 비웃고 손가락질당하는 정도의 것이 아니라는 것을 인지한다는 말이다. 그럼에도 이들이 선택한 그리스도인의 삶은 모든 처한 상황에서도 감사할 수 있는 마음이다. 이것이 아프가니스탄 형제들과 인도네시아에서 난민으로 살아가는 그리스도인들이 선택한 용기다.

내가 선교사님의 이야기와 아프가니스탄 형제자매들에 관한 이야기를 글로 쓰려고 하는 까닭은, 이들의 용기에 함께 박수를 보내자는 것이다. 이들에게 작은 마음이라도 함께 박수를 쳐 주고 용기를 북돋우어 주자는 것이다. 이들이 용기를 잃지 않고 믿음의 경주를 끝까지 해 나갈 수 있기를 함께 격려해 주자는 것이다.

우리가 내야 하는 용기는 어쩌면 대단히 극적이고 큰 몸짓을 필요로 하지는 않는다. 저들을 향해 함께 용기를 내 주는 일은 작고 그늘진 곳에서부터 시작될 수 있다.

여러분들이 용기를 내 손을 내밀어 준다면, 더 많은 아프가니스탄의 형제들과 인도네시아의 난민이 더 큰 용기를 내어 그리스도인으로 살아갈 수 있을 것이라 믿는다.

## 2) 목사 안수: 다니엘 목사가 목회자가 되기까지의 간증

다니엘은 아내와 함께 구사일생으로 아프가니스탄을 탈출했다. 국경을 넘어 파키스탄에서 다시 아프가니스탄으로 들어가려고 기회를 보고 있었다.

다니엘은 어려서부터 축구 선수가 되는 것이 꿈이었다. 자신의 꿈을 위해 훈련도 열심히 했다. 축구에 남다른 재능이 있어서 유소년 팀에서도 꽤 알려진 선수였다. 하지만 아프가니스탄 사태가 터지면서 이런 그의 모든 꿈이 사라져 버렸다. 탈레반이 정권을 잡은 후 다니엘은 더 이상 아프가니스탄에 있을 수 없다는 판단을 내렸다. 국가를 위해 선수로 출전한 것은 반탈레반적인 인물로 낙인찍히기에 충분한 조건이었다.

어린 소년은 그저 꿈을 꾸었을 뿐이다. 꿈을 위해 열심히 살아온 것이 자신의 생명을 위협하는 상황으로 돌아온 것이다. 다니엘과 그의 아내는 아프가니스탄에 더 이상 희망이 없다고 판단했다. 다니엘과 아내는 가족들의 도움으로 파키스탄으로 탈출했다. 그 이후에도 가족들의 도움으로 어렵게 인도네시아 난민 캠프에 올 수 있었다.

난민 캠프에 도착한 이후에는 더 이상 가족들로부터 도움을 받을 수 없는 상황이 되었다. 탈레반이 해외로 탈출한 난민들을 돕지 못하도록 모든 은행 거래와 환전 거래를 일제히 금지시켰기 때문이다. 사실 다니엘 가족은 더 도와주고 싶어도 더 이상 도와줄만 한 재정적인 여유도 없었다.

난민 캠프에서 생활이 시작되었다. 난민 캠프는 건강한 어른도 생활하기 어려운 환경이다. 인도네시아는 무덥고 습하다. 건조한 날씨에 익숙한 아프가니스탄 사람들에게 인도네시아의 습하고 무더운 날씨, 1년 내내 같은 날씨에 적응하는 것도 어려운 일이었다. 난민 캠프의 텐트촌에서는 뒤끓는 쥐와 벌레, 모기와 진드기로 잠을 청하는 것도 쉽지 않았다.

비가 오면 빗물이 새는 텐트를 피해 이슬람 사원으로 달려갔다. 그래도 그곳은 비를 피할 수 있는 상황이 되었다. 그러나 사원 측에선 그들이 자신들과 다른 이슬람 종파라는 이유로 사원 출입을 금지했다.

축구 선수였기에 다른 사람들보다 신체가 건강했던 다니엘도 견디기 힘든 환경이었다. 영양 상태도 부실한 데다 비가 오는 밤이면 충분한 수면조차 취할 수 없는 상황이기에 더 이상 버틸 수 없었다.

어려운 상황을 견디다가 끝내 다니엘의 아내는 병이 나기 시작했다. 병원에 갈 수 없으니 병명도 모른 채 다니엘의 아내는 점점 병이 깊어지기 시작했다. 급기야 오른쪽 가슴에선 큰 몽우리가 만져졌고 어느 날부터는 오른손과 오른발, 오른쪽 기능이 마비되기 시작했다.

다니엘과 그의 아내는 절망 속에 있었다. 아내는 차라리 죽더라도 아프가니스탄에서 죽겠다며 고향으로 돌아가자고 했다. 아프가니스탄으로 돌아가면 탈레반에 의해 목숨을 잃을 것이 뻔하다. 진퇴양난이다. 어떤 선택을 해도 희망과 소망은 찾아볼 수 없는 상황이다. 바로 그때, 복음의 소식이 들려왔다. 얼마 전 난민 캠프에서 만난 친구로부터 한국에서 온 선교사가 난민들을 돕고 있다는 소식을 들었다.

다니엘은 선교사가 돕는다는 말에 거부감을 가졌다. 그 누구보다 이슬람 신앙에 자부심을 가지고 있었기 때문이다.

선교사라니!

아무리 어렵고 힘든 상황이라도 선교사의 도움을 받을 수 없다고 생각했다. 하지만 아내의 상태는 더 안 좋아졌다. 급기야 걸음도 걸을 수 없을 만큼 아내의 병세는 심각해져 갔다. 그러던 중, 잠이라도 편안하게 재우고자 선교사를 만나기로 결정했다.

다니엘은 깊은 고민에 빠졌다. 같은 민족이자 형제인 탈레반에게 쫓겨 난민 캠프에 오게 되었다. 같은 이슬람 형제 나라인 인도네시아는 자신들을 향해 무관심하고 심지어 범죄인 취급까지 하고 있다. 그런데 한국인이자 그리스도인이 자신을 도와주고 있는 이 상황이 고민스러웠다.

'이들은 왜 나와 아내를 도와주고 있는 것일까?'

선교사는 도와주었으니 교회에 가자고 하지 않는다. 선교사는 도움을 주었으니 너도 나를 도와야 한다고 요구하지 않는다. 선교사는 무조건 도와주지만 나의 자존심을 상하게 하지 않는다. 오히려 이렇게 살고 있는 우리를 존중해 준다. 선교사의 아내는 나의 아내를 최선을 다해 도와주려고 애쓰고 있다. 진심인지 아닌지 가늠해 볼 필요조차 없는 상황이다.

'진심이 아니라면, 누가 이렇게까지 자신들을 위해 사랑을 베풀 수 있을까? 그래도 이슬람 신앙을 배교하고 그리스도인이 될 수 없다. 나는 탈레반이 싫고 인도네시아 이슬람 형제들이 싫은 것이지 알라와 모하메드가 싫은 것은 아니다.'

이런저런 생각이 들었지만 다니엘은 이슬람 신앙을 저버릴 수는 없었다. 그렇게 깊은 고민 속에 있었다. 그러던 어느 금요일, 금요 모임이 있던 날에 아내가 선교 센터에 가 보자고 말했다. 한국 선교사의 선교 센터에 가면 아프가니스탄 형제들이 모임을 하는데 오늘 그곳에서 아프가니스탄 음식을 함께 나눈다며 말이다. 다니엘의 아내는 오늘 아프가니스탄 음식을 꼭 먹고 싶다고 했다. 집을 떠나 고생하고 있는 상황에서 고향 음식이 생각나는 것은 너무나도 당연하다.

몸이 약해진 아내는 요즘 들어 난민 캠프에서 주는 음식을 잘 먹지 못하고 있다. 몸까지 약해진 상황에 음식마저 부실하니 몸이 점점 약해지고 있던 상황이었다.

다니엘은 아내의 요청을 받아들였다. 아내는 단지 고향의 음식을 먹고 싶을 뿐이라고 생각했다. 다니엘도 오래된 난민 생활로 지쳐 가고 있던 상황이었다. 그도 고향의 음식과 사람들과의 교제가 필요했던 순간이었다.

센터에 도착하자 자신들에게 한인 선교사를 소개해 준 형제가 반갑게 맞이해 주었다. 자칫 어색할 수 있던 상황에 친구가 있다는 것은 큰 용기를 준다. 어렵게 센터에 오겠다고 결심했지만 오늘 아침 아내의 몸 상태가 더 나빠졌다. 일어나 몸을 가눌 수 없을 뿐 아니라 가슴의 통증이 너무 심해 한 발자국도 움직이기 어려운 상황이었다. 다니엘은 아내에게 오늘은 센터에 가는 것이 어렵지 않겠느냐 물었지만 아내는 한사코 가겠다고 고집을 부렸다. 그렇게 어렵게 다니엘은 센터에 왔다.

그곳에서 아프가니스탄 언어로 하나님을 예배하고 찬양했다. 기도했다. 하나님의 말씀을 들었다. 함께 온 아내의 두 눈에서는 눈물이 흘러내리고 있었다. 그런 아내를 보자 다니엘도 그간 힘들었던 마음이 녹아내렸다. 가난하고 낮아진 마음에 예수님의 사랑과 은혜가 들어가자 단숨에 마음의 변화가 찾아왔다.

선교사는 설교 후 지금 예수님을 자신의 하나님과 구세주로 받아들일 사람이 있으면 손을 들고 예수님을 영접하라고 했다. 그때 아내가 손을 들고 예수님을 영접하겠다고 말했다. 다니엘도 손을 들었다. 그렇게 예수님을 영접했다. 지난 몇 년간의 삶이 주마등처럼 스쳐 지나갔다. 그 순간 왜 이렇게 마음이 편해졌는지, 세상의 모든 근심과 걱정이 없어지는 것을 느꼈다.

옆에 있던 아내는 계속해서 눈물을 흘렸다. 울다가 기도하고, 기도하다가 울었다. 다니엘도 아내를 붙들고 한참 동안 눈물을 흘렸다. 그렇게 얼마 동안을 기도하고 눈물을 흘리며 찬양했던지 시간이 꽤 흐른 뒤 두 사람은 동시에 소스라치게 놀랐다. 얼마 전, 센터에 오기까지 혼자 몸을 가누지도 못하던 아내가 혼자 기도하고, 일어나고, 돌아다니면서 찬양하며 울고 있었기 때문이다.

아내도 자기가 혼자 돌아다니고, 일어서고, 몸을 지탱할 수 있다는 것에 스스로 놀랐다. 가슴의 통증도 흔적 없이 사라졌다. 손으로 만지면 한 움큼 잡히던 덩어리도 흔적 없이 사라졌다. 병원에 가 볼 수 없었지만 한눈에 보아도 암이나 그와 유사한 질병일 것이라고 짐작되던 질병이 사라져 버렸다.

순간 다니엘과 아내는 소리를 질렀다. 갑자기 소리를 지르는 이들에게 무슨 일이 일어났는지 알기 위해 센터에 모였던 사람들이 이 부부에게 몰려들었다.

선교사님도 무슨 일인지 물었다. 아내는 계속 울기만 했고 다니엘은 말로 설명하기조차 어려운 기적을 논리적으로 설명할 수 없었다. 그런 다니엘도 울다가 감사하다가, 감사하다고 울다가, 갑자기 설명을 하다가, 아내에게 다가가 뛰어 보고 걸어 보라고 하다가, 또 웃었다.

얼마 뒤, 다니엘이 진정하고 설명하기 시작하고 나서야 이 엄청난 기적과 병 고침의 역사를 다 함께 찬양할 수 있었다.

다니엘은 그리스도인이 되었다. 아내는 건강해졌다. 그 이후로 모든 통증이 사라졌다. 열악했던 캠프를 떠나 센터에 임시로 기거하게 되었다. 그때부터 다니엘은 사람들을 만나기만 하면 전도하기 시작했다. 다니엘이 전도할 때마다 종교 경찰이 찾아와 뺨을 때리기도 하고 침을 뱉고 폭행을 가했다. 하지만 다니엘은 몸이 아픈 것보다 복음을 모르고 예수님을 모르는 저들의 영혼을 생각하면 더 마음이 아팠다.

다니엘은 태권도장에서 태권도를 열심히 배웠다. 축구 선수로 운동신경이 남달랐던 다니엘의 습득 능력은 남달랐다. 축구보다 태권도가 더 다니엘에게 알맞은 운동이었나 싶을 만큼 실력이 늘어 태권도를 가르칠 수 있을 정도의 실력을 갖게 되었다.

다니엘은 운동의 기초와 기본에 있어 탁월한 재능을 가지고 있다. 영혼에 대한 간절한 마음으로 아이들에게 태권도를 가르쳤다. 그의 성실한 태도와 영혼에 대한 마음으로 많은 사람이 변화되어 복음을 접하고 있다.

다니엘은 난민들에게 태권도를 가르치면서 복음을 전하고 하나님의 말씀을 가르치고 싶은 열망이 불타올랐다. 그런 다니엘은 하나님께서 자신을 목회자로 부르시고 있는지 알고 싶었다. 다니엘은 아내와 이 문제를 상의했다. 그리스도인이 되는 것도 쉬운 결정이 아니다.

이슬람권에서 그리스도인이 되는 것보다 그리스도인으로 살아가는 것이 더 어렵고 위험한 일이다. 목사가 되는 것도 쉬운 일이 아니다. 목사로 살아간다는 것은 목숨을 걸어야 하는 일이다. 그들은 이미 아프가니스탄에서 목사로 살아가는 것은 목숨을 걸어야 한다는 것을 보고 자랐다.

폭탄 테러가 일상이었고 이슬람에서는 기독교인을 향한 테러가 무슬림의 신앙에서 천국으로 가는 가장 큰 일이라고 가르친다. 그런 위험을 알기에 다니엘은 조심스럽게 아내에게 기도를 부탁했다.

그의 기도가 응답되었다. 다니엘은 게이트웨이 1기에 지원했다. 성실하게 공부했고 누구보다도 열심으로 가정교회를 세워 나갔다. 그리고 그는 하나님의 부르심에 순종하여 목사 안수를 받게 되었다.

게이트웨이 출신 최초 아프가니스탄 학생의 목사 안수였다. 두 명의 목사 가운데 다니엘과 그의 아내가 목사로 부르심을 받아 지금도 난민들 가운데 가정교회를 세워 사역하고 있다.

목사 안수 이후 안수위원들과 함께

목사 안수식

## 2. 계속된 하나님의 손길

인도네시아는 이슬람 국가다. 아시아권에서도 많은 무슬림이 있는 이슬람 국가다. 인도네시아는 종교의 자유를 법률상 인정한다. 또한 주민등록을 하면 종교란에 자신의 종교를 기재하도록 한다. 표면적으론 이슬람, 기독교, 힌두교, 불교 같은 종교의 자유가 있다. 한국에도 잘 알려진 신혼 여행지인 발리에서는 힌두교도가 대부분 살아간다. 인도네시아 본토와는 또 다른 분위기가 있다.

인도네시아의 중국계인들은 대부분 기독교를 믿는다. 중국계 인도네시아인들은 경제적으로 차지하는 비율이 크다. 그래서 기독교를 표면적으로 탄압하거나 억압하지는 않는다. 그러나 교회와 그리스도인들에 대한 테러와 위협은 여전히 존재한다.

자연스럽게 아프가니스탄 난민들이 예수님을 받아들이면 신앙이 자라고 사람들에게 고백하기까지 가정교회에서 보호하게 된다. 공동체 예배에 참여하지 못하는 형제자매들은 가정교회에서 신앙공동체를 세워 간다. 초대교회처럼 각각의 가정교회가 세워지면 권용준 선교사는 감독처럼 각 가정교회를 순회하고 교회의 지도자들을 양육하며 돌보는 일을 감당한다.

권용준 선교사는 가정교회주의자가 아니라고 스스로 말한다. 가정교회라는 교회 운동이 있다는 것도 자신은 나중에야 알았다고 말한다. 아프가니스탄에 복음이 전해지면 그들은 가정에서 모인다. 공개적으로 교회공동체를 만들어 예배할 수 없다.

아프가니스탄에서 기독교로 개종하면 테러의 표적이 된다. 자연스럽게 지하교회 형태와 가정교회 형태로 공동체가 형성된다. 모든 가정교회공동체는 줌에서 모여 주일예배에 참여한다. 그리고 각각의 가정교회로 흩어져 공동체를 이루고 있다.

가장 성경적인 것이 가정교회다. 성경에 등장하는 초대 교회는 가정교회에 가장 가까운 교회의 모델이다. 인위적이거나 부자연스러운 모습을 찾아보기 어렵다. 나는 가정교회를 거부하거나 가정교회 운동을 거절하지 않는다. 그러나 가정교회를 지향하지는 않는다.

가정교회 운동으로 잘 알려진 휴스턴 서울교회의 담임목회자에게 우연히 인도네시아를 방문할 기회가 있었다. 가정교회 운동에 참여하는 교회의 목회자들과 교제하고 함께 세미나를 하기 위해서이다. 그곳에서 가정교회 지도자들과 교제하던 중 한 목회자가 권용준 선교사가 가정교회로 난민들을 복음화하고 있다고 소개했다. 그렇게 권용준 선교사와의 만남이 이루어졌다. 휴스턴 서울교회의 목회자도 난민교회가 가정교회를 지향하는 교회가 아님을 알게 되었다. 난민교회의 특성상 가정교회라는 특성을 가질 수밖에 없음을 말이다.

그는 인도네시아의 교단 신학교 중에 하나인 게이트웨이의 학위 과정이 시작되었다는 것도 알게 되었다. 졸업생과 목회자 후보생이 훈련을 받고 있는 간증을 듣게 되었다. 잠깐의 만남이었다. 그후 휴스턴 침례교회에서는 권용준 선교사를 미국으로 초대했다. 가정교회 세미나에 초청 강사로 말이다.

2024년 2월 초, 권용준 선교사는 미국에 입국했다. 미국에 입국하기까지도 많은 어려움이 있었고 그 과정은 간증의 연속이었다. 그에겐 아프가니스탄, 인도네시아와 같은 미국이 경계하는 국가에 오랫동안 머문 기록이 있었다. 이에 미국 이미그레이션에서 문제가 되었다. 미국 로스엔젤레스 공항에 있던 국가 안보국에서 권용준 선교사 부부를 붙잡았다.

분명한 이유를 알려 주지 않은 채 권용준 선교사 부부는 하루 종일 여러 곳에 불려 가며 입국 심사대를 통과하지 못했다. 밖에서 기다려야 하는 사람들은 영문도 모른 채 선교사님 부부가 입국 심사를 마치고 나오기까지 하루 종일 대기하고 기다려야 했다. 어렵게 입국 허락을 받은 권용준 선교사는 휴스턴에서의 간증 집회를 잘 마치고 다시 캘리포니아로 왔다.

2023년 8월에 나는 인도네시아에서의 강의와 졸업식, 목사 안수를 마치고 미국으로 돌아왔다. 2022년 첫 강의 이후 나는 2023년에도 강의와 졸업식, 목사 안수식을 위해 2주간의 일정으로 인도네시아를 방문했다.

첫 번째 방문보다 한결 여유로운 상황이었지만 여전히 긴장의 끈을 놓을 수 없는 일정이었다. 인도네시아로 오가는 길은 훨씬 수월해졌다. 코로나로 인한 방역도 많이 완화되어 어려움이 없었다. 비자도 사전에 미리 신청하고 들어가면 돼서 입국이 상대적으로 수월해졌다. 하지만 여전히 선교지, 특히 난민들이 있는 선교관에서의 모든 일정에는 긴장을 늦출 수 없다.

졸업식과 목회자 안수식은 안전을 고려하여 자카르타의 한인 교회에서 진행하기로 결정했다. 그렇게 긴장 속에서 2주간의 일정을 소화했다. 긴장 속에서도 평온했고, 평온했지만 신경은 온통 주변을 경계하였다.

새벽 3시부터 울려오는 아잔 소리는 여전했고, 밤이면 지붕에 찍짝이라고 불리는 작은 도마뱀이 들락거렸다. 40도를 오르내리는 더위와 100퍼센트에 가까운 습도와 곤충과 모기도 여전히 위협적이었다.

인도네시아는 코로나보다 뎅기열이 더 무섭다. 한낮에도 모기를 피해 긴 팔과 긴 옷을 입어야 한다. 첫 번째보다 한결 수월하게 느껴졌지만 여전히 어렵고 힘든 일정과 환경을 부인하고 싶진 않다. 또 선교지에 대한 막연한 환상을 주고 싶지도 않다. 선교지는 힘들고 어려운 환경이다. 여전히 많은 것이 불편하고 어렵다. 몸도 지치고 힘들다. 영적으로 많은 도전과 어려움이 있다. 이런 곳이 선교지다.

LA 공항에 입국하면서 안도의 피로감이 몰려왔다. 무사히 잘 마치고 돌아왔고 친숙한 일상으로 돌아왔다는 안도감이 들자 피로가 한꺼번에 몰려왔다.

다음 날 주일예배에 누가 봐도 피곤함이 역력한 모습으로 강단에 섰다. 간단하게 인도네시아의 사역을 소개하고 그간 있었던 사역을 5분 정도 나눈 후 하나님의 말씀을 나누었다.

그날 예배에 처음 참석한 모녀는 산타 바바라에서 오셨다(자동차로 4시간 떨어진 거리, 캘리포니아 중부에 위치). 딸의 직장 문제로 이 지역에 들렀다가 교회를 방문했다고 했다. 선교지 소개에 큰 감동이 있었다며 언젠가 또 찾아뵙겠다는 말을 남기고 작별했다. 같은 캘리포니아 소재이지만 나도 일 년에 한 번도 산타 바바라에 갈 일이 없다. 언젠가 찾아뵙겠다는 말은 통상적인 인사 정도로 생각했다. 이왕 새가족이 올 거면 지역 주민이면 좋았을 거라며 새가족 인포메이션 메모난에 적어 놓았다.

권용준 선교사 가정은 휴스턴에서의 일정을 마치고 우리 교회에서 금요일과 주일예배를 통해서 아프가니스탄과 난민 사역을 보고하고 간증을 해 주셨다. 금요예배에서는 자신이 아프가니스탄 선교사와 인도네시아 난민 사역을 하게 된 하나님의 인도하심을 위주로 간증해 주었다. 세련되고 화려한 언변이나 예화 간증의 구성은 없었지만 날것 그대로의 살아있는 간증이 오히려 성도들의 마음을 움직였다.

성령의 역사가 세련됨과 현란한 언변과 전달을 이긴다. 어딘지 촌스럽고, 어눌하며 선교사다운 날것 그대로의 모습이 그리워지는 시대임을 다시 한번 깨달았다. 금요 저녁 예배는 함께 기도와 찬양으로 마무리했다.

토요일에는 선교사님과 저녁 식사를 위해 숙소에서 만났다. 선교사님은 상기된 얼굴로 지금 북가주의 목사님으로부터 연락을 받았다고 한다. 인도네시아 난민 학교를 위한 미국 교육 커리큘럼을 후원하겠다는 연락을 받았다는 것이다. 나는 이 책에서 난민 학교의 기도 제목을 나눈 적이 있다.

학교 커리큘럼의 차이 때문에 난민들이 캐나다, 미국, 오스트레일리아, 뉴질랜드 등으로 입국한 후에 자녀들이 4학년이나 5학년 수준으로밖에 학력이 인정이 되지 않아 어려움을 겪고 있는 현실을 소개했다.

미국 교육 커리큘럼을 후원하겠다는 연락은 2년 동안 끈질기게 기도한 결과다. 선교사님은 그간 많은 시간 동안 이 문제를 위해 기도했다고 간증했다. 나도 기도 제목이 올라올 때마다 함께 기도했기에 너무나도 하나님께 감사했다. 이것은 인도네시아 현지의 난민 학교에 큰 선물과도 같은 것이다. 혹 제3국으로 가지 못해도 미국 교과 과정의 학력을 인정받게 되어 인도네시아에 있는 상급 학교나 대학 입학이 가능해질 수 있는 길이 열린 것이다.

휴스턴 서울교회의 초청으로 미국에 입국할 수 있었다. 미국에 입국 후 게이트웨이 교수님들의 도움으로 북가주와 남가주의 교회들과 사역자들을 만날 수 있었다. 이런 상황 속에서 북가주의 목회자가 인도네시아의 상황을 듣고 이 문제를 일시에 해결해 준 것이다. 만남이 또 다른 만남을 만들고, 그 만남이 서로를 연결해 하나님 나라는 확장되고 새롭게 건설되어 가고 있음을 다시 한번 깨달았다.


선교사님은 주일 1부와 3부 예배를 인도해 주시기로 약속했다. 1부 예배는 사역자들과 봉사자들을 위한 예배 성격이 강하다. 더러 새가족들이 오시긴 하지만 3부 예배에 비해 그 수와 빈도는 적다.

찬양이 끝나고 나는 선교사님의 설교를 위해 함께 공적인 예배 기도를 했다. 그리고 인도네시아에서 난민 사역을 하는 선교사님이라고 소개했다. 함께 오신 사모님도 소개했다. 그때 새가족으로 보이는 한 자매님이 사모님에게 가서 무엇인가 자신을 설명하는 것처럼 보였다.

선교사님의 설교가 시작되었는데도 그분은 본래 자신이 앉았던 자리로 돌아가지 않고 사모님께 무엇인가를 계속 이야기하고 있었다. 선교사님의 은혜로운 말씀이 끝나고 새가족으로 보이는 자매님과 함께 목회실에서 교제 시간을 가졌다.

자매님의 질문이 먼저 이어졌다.

"저를 기억하세요?"

"죄송하지만 기억이 잘 나지 않습니다."

"작년 8월쯤 왔었어요."

"혹시, 산타 바바라에서 오셨던 분이세요?"

서로를 확인하는 시간이 지나자, 자매님은 그날 처음 제자들교회를 방문하고 산타 바바라로 돌아가면서 꼭 인도네시아 사역을 위해서 물질로 동참하겠다는 결심을 했다고 한다. 그 후에도 인도네시아와 아프가니스탄을 위해서 기도하며 하나님이 자신에게 은혜로 주신 물질도 있어 다시 한번 교회를 방문하고자 계획했다고 한다.

산타 바바라에서 제자들교회까지는 차로 4시간이 걸린다. 상당히 먼 거리다. 이에 추수감사절에 가야지, 성탄절 때는 가야지, 2023년 해가 넘어가기 전에는 가야지 생각하면서도 매번 오지 못했다고 한다. 그러던 중 토요일인 어제부터 제자들교회에 반드시 가야 한다는 생각이 너무 강력하게 들었다고 한다. 3부 예배에 참석하게 되면 돌아가는 길에 너무 심한 교통체증이 걸려 1부 예배에 참여하겠다고 계획하고 새벽 4시에 출발하여 예배에 오셨다고 했다. 그렇게 지난 8월에 인도네시아 사역에 대한 메시지를 듣고 은혜를 받았던 선교지의 선교사님을 만나게 된 것이다.

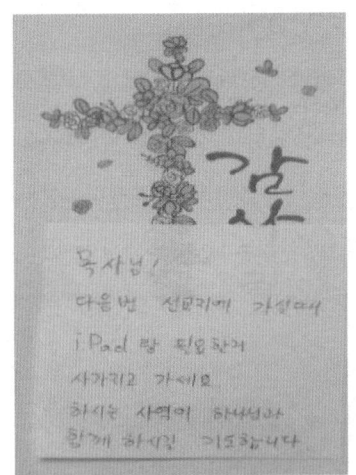

산타바바라에서 온 어느 자매님의 후원

자매님은 자신은 집사나 권사도 아니고 그냥 평신도라고 말하며 자신이 무명으로 헌금을 하고 조용히 가려고 했다며 헌금 봉투 하나를 내놓았다. 그리고 메모지에 메모해 놓은 것도 함께 보여 주었다. 큰 액수는 아니라며 선교지의 필요를 채우는 일에 사용해 달라는 내용이었다. 어찌 액수가 중요하랴.

선교사님 가정도, 나와 아내도, 산타 바라라의 무명의 자매님도(익명으로 해 달라 신신당부하여 이름은 공개하지 않는다) 이 일은 하나님이 하신 것이라며 하나님을 찬양했다.

2024년에는 2차 신입생들을 만나 강의해야 한다. 이 글을 쓰고 있는 시점에서 한 달 후엔 인도네시아에 강의를 하러 가야 한다. 사실 개인적인 여러 가지 사정으로 나도 이 사역을 계속하고, 강의를 계속해야 하는지 기도하며 고민하고 있었다. 시간도 없고 인도네시아에 다녀오면 한 달 가까이 이래저래 시간을 써야 한다. 코로나 이후 교회의 사정이나 상황도 어려운데 몇 주 동안 교회를 비우는 것이 사실 부담스러운 상황이었다.

나는 교회 리더십에 먼저 이 간증을 나누었다. 모두 하나님의 인도하심과 메시지가 있다고 인정해 주었다. 그 후 나는 교회에 모든 성도와 함께 이 간증을 나누었다. 성도들은 한목소리로 인도네시아에서의 강의와 난민들을 위해 사역하는 것을 계속하라고 격려해 주었다.

　나는 늘 설교나 성경 공부를 통해서 하나님이 인도하시는 소명과 부르심의 사명에 최선을 다하라고 말했다. 나름대로 성도들이 소명과 사명의 삶을 살아가도록 돕는 것이 목사로서 해야 할 나의 사역이라고 믿었다. 성도들의 삶에 소명의 길을 활짝 열어 주기 위해 최선을 다했다. 하지만 나는 하나님의 영이 내 안에 역사하셔서 나의 생각과 경험, 생각과 의중을 초월하여 역사하시고 있다는 사실을 놓치고 말았다.

　신학적, 논리적인 접근과 표현만으로 소명과 사명의 자리를 설명하려고 했지만 초월적이고 비논리적이며 신비주의적인 하나님의 손길과 인도하심도 각 사람의 이해력과 논리를 초월하는 역사임을 다시 한번 깨달았다.

　나는 여전히 논리적인 사람이다. 나는 여전히 현실적인 목사다. 그럼에도 비논리적인 방법이나 비현실적인 신비주의적 인도하심과 부르심에도 내 영의 귀를 활짝 열어 놓았다. 선교 사역을 감당할 때 주시는 하나님의 특별한 은총이 있기 때문이다.

　나는 내 역할이 무엇인지 다시 한번 깨달았다. 내가 하는 일은 누군가에게 안내자가 되는 것이다. 나는 이 사역의 주인공이 아니다. 이 사역의 책임자도 아니다. 이 사역의 리더도 아니다.

　나는 그저 아주 작은 한 부분을 섬기고 있다. 작은 부분을 섬기고 있다고 해도 가벼이 여기지 않는다. 작아도 중요한 일임을 깨닫고 있다. 그래서 나의 역할이 무엇인지 정확하게 규명하는 것은 무엇보다 중요하다. 그래야 이 사역에서 불협화음을 만들지 않고, 서운한 일에도 마음 다치지 않고 지속적으로 일할 수 있다. 그래서 나는 알았다.

지금 하고 있는 선교 사역이 하나님이 하시는 일임을 ….
내가 할 일은 누군가에게 친절한 안내자가 되는 것임을 ….

나도 우연히 이 여정에 발을 들였다. 이 여정의 끝이 어디에 있을지 아직은 모른다. 힘들고 어려운 시작이었고 그 문제가 다 해결된 것도 아니다.

나는 내가 안내자였는지도 몰랐다. 나도 모르게 이 사역 안에서 누군가에게 안내자 역할을 하게 되었다. 나에게 도전을 주셨던 멘토 목사님도 이 선교 사역에 있어 나의 안내자였다. 나는 또 다른 누군가에게 안내자가 되었다.

내가 더 이상 이 사역을 감당할 수 없을 때가 올 것이다. 그때 누군가 바통을 이어받아 묵묵히 이 길을 걸어 준다면, 나는 내가 해야 할 충분한 역할을 다 한 것이다.

## 3. 이성을 초월한 간증과 사역의 역사

선교사님 가족과 시간을 보내면서 미국에 있는 교단의 목사님들과 함께 교제를 나누었다. 미리 예견되고 준비된 만남은 아니었다. 하나님의 인도하심이 있다면 좋은 만남을 달라고 기도한 결과다.

김송식 교수님과 함께 남가주 지역의 목회자들이 선교사님과 함께 교제할 수 있는 기회가 주어졌다. 주변의 목사님들과 식사도 하고 차도 마실 수 있는 시간을 가졌다.

우리는 자연스럽게 인도네시아의 아프가니스탄 난민 사역과 특별히 신학교 사역을 소개했다. 당장 당면한 과제가 우리에게 있었다. 제2기의 신학생 18명이 모집되었다. 학생들이 모집되면 좋은 것이지만 교수들은 부담을 동시에 느낀다. 이들의 등록금 걱정을 안 할 수 없다. 두 배 이상 등록금 모금을 해야 한다. 하나님께서 채워 주실 것을 위해 기도했다.

눈치가 빠른 분은 이미 눈치챘을 것이다. 등록금이 해결되었으니 당연히 이 글을 쓰고 있는 것이다. 전혀 기대하지 않았던 곳에서 등록금을 해결하겠다고 연락을 받았다. 대형교회도 아니다. 여유로운 교회도 아니다. 아주 작은 교회도 아니지만 중형교회라고 불리기엔 작은 교회다. 그런 교회가 이 문제를 단번에 해결해 주겠다고 연락해 온 것이다. 2기 신학생들의 등록금이 해결되었다. 하나님은 놀라우신 하나님이시다.

하나님이 하시는 일에는 재정이 필요하다. 우리의 기대는 그래도 대형교회에서 관심을 가져주는 것이 현실적으로 가장 좋은 상황이 된다. 아무래도 도움을 받는 우리의 입장에서도 부담이 적기 때문이다. 큰 교회면 그 정도는 할 만하다는 인식이 있어서 우리도 요청하고 요구하는 것이 쉽다. 하지만 대형교회에서 후원하면 때론 너무나도 당연시하는 경향이 있다. 큰 교회에서 이 정도의 후원은 당연하다는 마음이 생긴다. 세상에 당연한 것이란 없다. 무엇이 세상에서 당연할까.

선교사님은 미국에 입국하면서 2기 신학생의 등록금이 해결되길 기도하셨다고 한다. 정말 큰 기도 제목 하나가 응답을 받은 것이다.

선교사님 가정과 시간을 보내고 있던 주말에 게이트웨이에서 목회학 박사 과정을 공부 중인 목회자 한 분을 만났다. 이분은 인도네시아에 이용규 선교사가 설립한 JIU의 학교 관계자다. 선교사님은 이미 이분을 알고 계셨다. JIU는 정식 학교로 인가를 받았다. 인도네시아 문교부로부터 정식 학위를 받을 수 있는 학교가 설립되어 운영되고 있는 것이다.

이곳은 신학교는 아니지만 선교를 목적으로 인도네시아의 젊은 인재들을 양육하는 학교로 많은 사역을 감당하고 있다. 그 학교의 관계자를 만나 교제하였다. 안식년 동안 이곳에 공부를 하기 위해 와 있다고 했다.

그분은 내년 1월이면 다시 인도네시아로 돌아간다. 인도네시아로 돌아가면 학교 측과 난민 학교가 어떤 상호 협력 관계로 나갈 수 있을지 생각해 보겠다는 약속을 받았다.

이 한 분의 약속이 절대적인 무엇을 할 수 있는 확답은 아니다. 그래도 한 가지 분명한 것은, 하나님께서 여러 가지 모양으로 인도네시아 사역에 필요한 다양한 방법과 관계를 만들어 가신다는 것이다.

4월엔 2기 신학생을 위해 강의가 있어 인도네시아를 방문해야 한다. 이때 학교 관계자들과 신학교와의 협력을 위해 함께하는 시간을 갖게 된다.

### 1) 레바논 분쟁

레바논은 현재까지도 늘 분쟁과 전쟁의 위험이 있는 지역으로 분류된다. 중동 국가임에도 기독교 인구가 상당한 국가다. 레바논 내 기독교 지역과 이슬람 지역은 늘 분쟁의 단초를 제공할 수 있는 상황에 놓여 있다.

레바논은 이스라엘과 국경을 함께한다. 이스라엘 갈릴리 지역 북부와 국경을 마주하고 있다. 이런 지리적 여건 속에서 이스라엘 북구 국경 지대는 레바논과 늘 분쟁 가운데 있는 대표적인 지역이다. 성경에 "시돈"(창 10:15)이라고 불리우는 곳이 바로 레바논 지역이다.

레바논 지역에서 시리아 난민 사역을 감당하고 있는 선교사님으로부터 이곳에서 신학교를 시작할 수 있도록 도움을 달라는 요청이 왔다. 이미 기독교로 개종했을 뿐만 아니라 지도자로 양육할 수 있을 만큼 훌륭하게 성장하고 있다고 말씀하셨다. 인도네시아에서 난민들을 대상으로 한 신학 교육이 활발하게 일어나 현지 지도자들이 세워졌다는 소문이 레바논까지 전해졌다. 레바논 지역도 많은 도움의 손길이 필요한 곳이다.

2023년 이스라엘 성지순례 기간 중에 북부 갈릴리 지역을 방문할 수 있었다. 레바논 국경 지역으로 가면 여행이 통제된다. 그곳에는 중무장한 이스라엘의 군인들이 삼엄한 경계를 서고 있다.

언제든지 전쟁의 포성이 울려도 이상하지 않은 지역이 레바논과 이스라엘의 국경 지대다. 기독교와 이슬람, 유대교가 각각의 지역에서 가장 강성한 모습으로 폭력을 행사하고 전쟁을 일으키며 반목하는 대표적인 지역이다. 가장 종교적인 곳이 가장 폭력적인 곳이 될 수 있음을 피부로 강하게 느낄 수 있는 지역이다.

아직 이 지역까지 신학교 과정을 확대할 수 있을지 우리는 알 수 없다. 하지만 하나님의 계획표 속에 어떤 역사하심이 있을지 짐작조차 할 수 없기에 우리는 잠잠히 하나님의 일하심을 기다린다.

"왜 하필 레바논이에요?"

예감이 불길하다. 인도네시아 사역에 발을 들여놓았던 기억이 있기에 왠지 레바논의 사역도 조만간 시작될 것 같은 불길한 예감이 든다.
아마도 그때 나는 동일하게 이런 말을 되뇌지 않을까?
"내가 이럴 줄 알았지!"
이런 기시감이 드는 것은 당연한 것 아닐까?

레바논 이야기가 나오기 전, 한국의 한 교회에서 선교지에 파송할 파송 선교사 신학 교육을 위해 한국에 CLD 과정을 오픈해 달라는 요청이 있었다. 이 글을 쓰고 있는 3월 초, 한국에 입국하시는 교수님과 교회 관계자가 만남을 가진다.
나는 오랫동안 교회와 관계를 가져왔기에 이 과정이 개설되길 기대하는 마음이다. 선교지 사역자들에게 신학 과정을 훈련하고 선교사로서 가져야 할 기초적인 훈련의 과정으로 한국에서 신학 과정이 개설된다면 미국과 한국에 베이스를 두고 동남아와 중동은 물론 아프리카 지역을 아우를 수 있는 사역의 장을 확대해 나갈 수 있다.
상대적으로 미국에서 제3세계 선교 지역으로 가려면 물리적으로 많은 시간을 소요하게 된다. 제3국까지 가는 심리적인 거리가 상당하다. 상대적으로 한국에 기착지와 신학교 베이스를 만들 수 있다면 더 많은 곳에 좀 더 접근성을 가지고 사역을 감당해 나갈 수 있지 않을까 예상해 볼 수 있다.

인력과 재정의 한계로 우리에게 요청해 오는 모든 사역지마다 신학 강의를 오픈할 수는 없다. 이렇게 게이트웨이 선교 특별 신학 과정에 대한 요청 사례가 늘어가는 이유에는 다음과 같은 몇 가지 장점이 있기 때문이다.

선교지에 최적합한 교육 과정을 들 수 있다. 선교지에 필요한 사역자를 세울 수 있는 최적의 교육 커리큘럼을 통해 필요한 사역자들의 기초적인 신학 교육 프로그램을 제공한다. 이 과정이 끝나면 목사 안수 과정에 필요한 그 이상의 과정을 계속해서 공부할 수 있다. 공부한 모든 과정은 크레딧을 받을 수 있다.

### 2) 게이트웨이신학교 이야기

게이트웨이는 미국 내 신학교에서도 복음주의 신학교로 그 우수함이 잘 알려진 학교다. 게이트웨이에서 많은 신학자와 좋은 사역자들이 지난 80여 년 동안 배출되었다. 제3국에서도 우수한 미국의 신학교 수업을 배울 수 있다는 것과 미국 신학교의 학위를 받을 수 있는 장점이 있다.

또 한 가지 좋은 장점이 있다면 열정적인 교수님들의 신학 내용이라고 생각된다. 내가 나를 평가하면서 좋은 강의라고 말하니 자가당착 평가라고 생각된다. 하지만 강의에 임하는 교수님들의 열정이 선교지에서 해외 선교 신학부 과정을 요청하는 이유라고 믿는다.

교수님들의 열정과 헌신은 눈물겹다. 자신들의 몸을 돌보지 않고 사역에 헌신한다. 옆에서 지켜보는 사람들이 교수님들의 헌신을 보는 것만으로도 큰 도전과 공부가 된다.

### 3) 정병인 교수 이야기

정병인 교수님의 이야기를 소개한다.

> 저는 5월 7일 미국에서 출발하여 9일 새벽, 한국에 도착하여 11일에 안과에 갔습니다. 다행히 다음 날인 12일에 수술을 받고 하루 입원하여 경과를 보고 퇴원했습니다. 이때 약 한 달 동안 땀을 흘리면 안 된다는 주의를 받았습니다. 그래서 부득불 캄보디아 선교대회 일정도 취소하게 되었고, 인도네시아 CLD 강의는 선교사님과 의논하여 온라인으로 진행하기로 하였습니다.
>
> 현재 저의 눈 상태는 지난번에 수술한 부위가 너무 많이 벌어져서 눈에 삽입한 관이 다 드러나 있는 상태였습니다. 그래서 삽입한 관은 제거하고, 녹내장으로는 마지막 방법인 망막에 레이저로 물길을 내고, 망막 안에 물주머니를 만들어 방수를 빼내는 수술을 받았습니다. 지난번에 받았던 여러 번의 수술보다 망막의 더 많은 부분을 건드려 놓아서 그만큼 회복 기간이 길어질 수밖에 없는 상황이 되었습니다.
>
> 웬만하면 아프가니스탄 신학생들을 직접 만나 말씀도 가르쳐 주고 영적으로 격려도 하며 식사도 대접하려고 했는데, 이번에 받은 수술이 녹내장 치료로는 마지막 방법이기에 많은 고민 끝에 치료에 집중하기로 결론을 내렸습니다. 직접 인도네시아로 가지 못하는 아쉬움이 지금도 너무나 크고, 안타까운 마음이 있습니다.
>
> 인도네시아 시간으로 5월 30일부터 6월 2일까지 4일간 줌으로 강의를 하기로 하였습니다. 대면으로 만나는 것 이상으로 서로에게 있어서 하나님의 크신 은혜가 강의하는 가운데 부어질 수 있도록 기도해 주시기 바랍니다.

> 할렐루야!
>
> 저는 한국에 와서 수술을 잘 받고, 여전히 치료 중에 있습니다. 새로운 수술을 받고 나서 안압이 조금도 떨어지지 않아서 안압을 맞추는 치료를 계속해서 받고 있습니다. 모든 분이 기도해 주셔서 염증 없이 하나하나 치료해 가고 있습니다. 감사드립니다.
>
> 계획대로라면 이미 인도네시아에 가서 오늘부터 강의를 시작해야 했는데, 치료 시간이 길어지면서 아쉽게도 온라인으로 수업을 진행하게 되었습니다. 인도네시아와는 시차가 2시간이고, 아프가니스탄과는 4시간 30분입니다. 그래서 강의 시간이 많이 부족합니다.
>
> 지혜롭게 시간 배열을 잘할 수 있도록 기도해 주시고, 통역으로 수고해 주실 선교사님께도 하나님의 은사가 충만하게 부어져서 신학생들이 잘 알아들을 수 있도록 통역을 잘하실 수 있게 기도해 주세요. 더불어 신학생들에게는 성령 하나님의 도우심으로 집중력과 지혜가 넘쳐날 수 있도록 중보해 주시기 바랍니다. 앞으로 6시간 후에 첫 강의가 시작됩니다.
>
> 귀하신 목사님들과 동역할 수 있어서 너무나 감사하고, 귀한 사역의 자리로 인도해 주신 하나님께 감사드립니다. 아멘!

정병인 교수님은 눈 수술을 받아야 하는 상황 가운데 있었다. 본인의 건강 문제로 어려운 수술을 받아야 하는 상황에서도 인도네시아 신학교 학생들을 위해 헌신하고 사역을 감당해 주시는 것을 보면 저절로 고개가 숙여진다.

눈은 매우 민감한 신경들이 관여하는 신체 기관이어서 수술도 어렵지만 수술 이후 안정적인 회복 기간을 가져야 한다. 자칫 안정적인 회복 시간을 놓쳐 버리면 좋은 수술 결과를 얻기 어렵다.

수술 후 절대 안정이 필요하지만 아프가니스탄 형제자매들을 위한 만남과 수업이 우선순위였다. 이것은 정병인 교수님이 휴식의 중요성과 필요성을 모르기 때문이 아니다. 잘 알지만 멈출 수 없는 열정과 사랑이 우선되었기 때문이다.

누가 이렇게 하라고 시켰거나 강요한 사람은 없다. 한 사람도 자신의 몸을 돌보는 것보다 먼저 신학교 강의와 사역을 해 달라고 요구하지도 않았다. 자신의 수술 걱정보다 신학교 강의와 신학생들의 영적 돌봄을 먼저 걱정해 달라고 요구하지도 않았다. 그런데도 정 교수님은 이렇게 자신의 눈보다 학생들과 선교 현장을 더 걱정한다. 우린 보통 이런 사람들을 '세상이 감당하지 못하는 사람'이라고 한다.

사역은 사람이 전부라는 사실을 다시 한번 생각해 보게 된다. 선교의 주관자는 하나님이시다. 선교는 주관자이신 하나님이 사용하는 사람들에 의해 이루어진다. 선교의 주관자이신 하나님이 사용하는 사람은 세상이 못 말리는 사람들이다.

앞으로 얼마나 많은 지역에서 사역자를 양육하고 가르칠 수 있을지 모른다. 그럼에도 이런 교수님들이 존재하는 한, 선교지에 더 많은 현지 사역자들을 굳건히 세워 갈 수 있을 것이라고 믿는다.

## 4. 다시 인도네시아로

　권용준 선교사님 가정은 다시 인도네시아로 돌아갈 시간이 되었다. 2월 한 달간 미국에서의 일정을 통해 쉼을 얻고 돌아갈 수 있는 시간이었다. 인도네시아로 돌아가시면 3월에 바로 조직신학 과목을 시작으로 고상환 교수님의 강의가 시작된다. 나는 4월에 선교역사 과목을 강의한다.
　제2기 아프가니스탄 형제자매들의 신학 강의를 통해서 어떤 역사가 계속될지 기대와 함께 기도한다.

　선교사님은 인도네시아로 돌아가시기 전, 두 가지 새로운 간증을 해 주셨다. 그것은 두 자매의 이야기다. 두 자매의 이야기는 이 책 서두에 등장하는 자매들의 이야기다.
　선교사님은 간증 보따리를 꽁꽁 묶어 놓고 계시다가 마지막 떠나시기 전에 두 자루를 모두 풀어놓으셨다. 아주 따끈따끈한 간증이었다. 난민들의 상황과 환경을 잘 알기에 이 간증이 어떤 간증인지 나는 그 간증의 크기와 간절함을 너무나도 잘 이해한다.
　모든 난민의 꿈과 같은 일이 두 자매의 삶에 나타났다. 하나님이 난민들에게 희망과 소망을 주셨다고 믿는다. 조심스럽게 두 자매의 이야기를 소개한다.

## 1) A자매 이야기

A자매는 서두 글에서 나에게 영어로 많은 질문을 했다는 그 자매다. 영어로 소통이 가능했기에 누구보다도 많은 이야기를 나누었던 자매다. 그래서 더 많은 기억이 있고 각별하다. 난민들의 UN 인터뷰를 통역하며 도와주고 헌신적으로 교회와 신학생들을 섬기던 자매다.

A자매는 여느 때와 마찬가지로 난민들이 UN의 감독관들로부터 인터뷰를 할 때 영어 통역으로 도왔다. 시간을 내야 하는 일이다. 통역비를 받는 것도 아니다. 같은 난민으로서 누구보다도 이 인터뷰의 간절함과 중요함을 알기에 기쁨으로 도왔다. 기쁜 마음으로 늘 미소를 잃지 않고 통역으로 섬기던 그녀를 눈여겨보던 감독관이 재차 물었다.
"당신은 누구고, 왜 통역을 하고 있죠?"
"도와줄 일은 없나요?"

자매는 자신이 처한 상황을 설명했다. 자신도 인터뷰를 하는 난민들처럼 아프가니스탄 난민이며 인터뷰를 기다리고 있고 통역을 할 때 난민들의 이야기에 조금만 더 귀 기울여 달라고 부탁했다. 그렇게 감독관과 이야기를 마치고 몇 주가 흘렀다.

여느 때와 같이 통역을 돕기 위해 사무실에 갔다. 지난 번 자기에게 질문했던 친절한 감독관을 보고 반갑게 인사를 했다. 그렇게 하루에 배정된 모든 통역을 마친 후에 막 사무실을 떠나려던 순간, 아침에 만났던 감독관은

A자매 가족들을 위한 인터뷰 날짜를 잡았다고 했다. 자매는 깜짝 놀랐다.
 앞으로 3년에서 4년은 더 기다려야 자신들의 순서가 올 텐데 갑자기 다음 주에 인터뷰를 한다고 하니 그야말로 난민들에게는 가장 기다리는 순간이 온 것이다.

 떨리는 마음으로 가족들과 함께 인터뷰 장소로 갔다. 가족들은 인터뷰를 앞두고 사무실에서 함께 모여 기도를 했다. 큰 소리로 할 수는 없었지만 간절한 마음으로 기도했다.
 자신에게 도움을 준 감독관은 그 인터뷰 장소에 없었다. 공정성을 기하기 위해 자신의 인터뷰를 추천한 감독관은 현장 인터뷰에서 배제되는 것이 규칙이다. 아는 사람이라도 있으면 한결 긴장이 풀렸을 텐데, 그러지 못해 낯선 환경과 인터뷰에 대한 부담으로 기도하고 또 기도했다.
 드디어 감독관이 들어와 인터뷰가 시작되었다. 감독관의 첫 질문은 다음과 같았다.
 "당신의 가족은 그리스도인인가요?"
 "어떻게 그리스도인이 되었나요?"

 그는 사무실에 와서 기도한 내용이 무엇인지 물었다. 자매는 자신의 가족이 아프가니스탄을 탈출하게 된 이유와 인도네시아로 오게 된 이유, 예수님을 만나고 신학 공부를 하고 얼마 전 게이트웨이에서 신학사 졸업을 하게 된 것을 이야기했다. 그러자 감독관은 아주 이례적으로 성경에 대한 질문과 예수님에 대한 질문을 했다.
 "침례를 받고 성경을 매일 읽나요?"

감독관은 자매에게 예수님을 구주와 하나님으로 고백하는지도 질문했다. 감독관은 홉사 목사 고시나 신학교 인터뷰 같은 내용들로 인터뷰를 진행했다. 이뿐만이 아니다. 감독관은 앞으로 모든 인터뷰를 생략하고 바로 난민 지위를 부여하여 미국 입국을 허락한다는 결과를 알려 주었다.

도무지 말도 되지 않는 결정이었다. 적어도 5년 이상이 걸리는 과정이 단 한 번의 인터뷰로 끝난 것이다. 다섯 번에서 많게는 열 번까지의 인터뷰가 진행되고 결과가 나오기까지 2년에서 3년의 시간이 걸리는 전 과정이 단숨에 한 번의 인터뷰로 끝이 난 것이다.

이 결과를 통해서 UN 감독관의 인터뷰 과정의 의미를 알 수 있게 되었다. 난민 중에는 탈레반이나 그들과 내통하는 사람들이 섞여 있어 인터뷰 과정에서 탈렌반과 일반 난민들을 구별하는 것이 가장 큰 목적이라고 알려졌다.

A자매는 통역을 올 때마다 기도하고, 영어 버전으로 된 성경책을 읽고, 다른 난민과는 다르게 늘 밝은 얼굴로 사람들을 도와주는 것을 눈여겨본 것이다. 게다가 게이트웨이에 공인된 학업 수료증인 ATS(Association of Theological School, 미국 정식 인가 신학교)가 있어서 너무나도 분명하고 확실하게 신원 보증이 된다는 것을 확인한 것이다.

선교사님은 이미 A자매 가족이 극비리에 미국 동부 버지니아에 들어와 난민 보호 기간 중에 있다고 이야기해 주었다. 기적이 일어난 것이다. 6개월간 UN의 난민 보호 프로그램을 잘 수행하고 또 6개월을 잘 정착하면 앞으로 미국 시민으로 살아갈 수 있는 길이 열리게 된다.

인도네시아에 아프가니스탄 난민들 가운데 이 일은 기적 중에서도 기적으로 알려져 신학교를 핍박하던 아프가니스탄 무슬림 형제들의 부러움을 사고 있다.

이들에게 난민 지위를 부여하고 제3국으로 망명의 길을 열어 주기 위해 신학교가 이용되는 것은 결사적으로 반대다. 하지만 하나님을 위한 부르심에 순종했더니 하나님이 새로운 길을 여시는 데 신학교가 사용된다면 두 손을 들어 환영할 일이다.

캘리포니아에서 버지니아는 비행기로 6시간을 가야 하는 먼 거리다. 웬만한 해외로 비행기를 타는 거리다. 하지만 지금은 같은 하늘 아래에서 삶을 살아간다. 버지니아에 종종 가야 할 일도 있다. 그 자매를 미국에서 만날 날도 멀지 않았다.

### 2) 또 다른 A자매

이 자매도 서두에서 소개되었던 자매다. 수업 두 번째 날, 아프가니스탄에서 탈출하여 인도네시아에 막 도착했던 카불대학 졸업생으로 전직 카불 국립방송국 기자였던 바로 그 자매다.

좋은 대학을 졸업했고 자신의 학업을 증명할 수 있었던 자매는 대학 졸업장과 직장에서 생활한 재직증명서를 잘 준비해서 탈출한 결과, 학생 비자 신분을 유지할 수 있었다.

다른 난민에 비해 상황은 좋은 편이었지만 난민 지위를 받아 제3국으로 가기 위한 조건은 다른 난민들과 별반 다를 것이 없었다.

자매는 2년간 JIU 기숙 시설에 거주할 수 있고 학업을 이어 갈 수 있어 감사했다. 그래도 지금의 처지는 아직 스물다섯 살의 젊은 그녀가 겪기에는 너무나도 가혹하고 어려운 일이었다.

그녀는 자신이 겪고 있는 어려운 상황에서도 좌절하지 않고 하나님의 인도하심을 구했다. 하나님의 말씀을 이해하고 적용하는 태도가 남달랐던 그녀는 그룹의 리더로 성장했다. 신앙의 태도 역시 성실함과 신실함으로 모범이 되었다.

그녀를 아프가니스탄에서 탈출시킨 가족들도 자매를 탈출시킨 후 예수님을 영접했다. 자매의 적극적인 전도로 모든 가족은 예수님을 영접했고 그 가족은 현재 가정교회에서 예배를 드리며 아프가니스탄 내에서 훌륭한 그리스도인 가정이 되었다.

아프가니스탄에서 자매를 탈출시킨 후에 가족들은 탈레반의 감시와 탄압에 시달렸다. 주변의 많은 사람에게 자매의 이야기와 가족 이야기가 알려졌다. 많은 주변의 이웃은 그녀의 사연을 안타까워했다. 그녀의 이야기가 주변에 알려지게 되자 비슷한 상황에서 아프가니스탄을 탈출한 청년이 있는 지역의 유력한 가정에도 그 이야기가 전해졌다.

탈레반이 정권을 잡기 전에 아프가니스탄에서 유력한 가정이었던 청년의 집에서 자매에게 청혼을 하게 된 것이다. 이 청년의 가정은 유력한 집안이었기에 난민 캠프로 오지 않고 영국으로 이주해 이미 영국의 영주권을 소유하고 있는 상태였다.

청년도 자매의 사연을 듣고 기꺼이 신부로 맞이하여 영국으로 함께 가기를 희망했다. 누가 보아도 기회 중에 기회였다. 하지만 자매의 반응이 의외였다. 청년과 청년의 가정이 기독교로 개종하지 않으면 절대로 결혼하지 않겠다고 선언했다. 어떤 타협이나 망설임도 없었다.

침례를 받고 영국에서 출석하는 교회 목사님과 본인이 직접 통화를 해서 청년의 신앙이 검증되고 청년의 가정도 가정교회 예배에 참여하는 것을 확인하기 전에는 절대로 혼인하지 않겠다고 전했다.
　청년과 그의 가정이 이 조건을 처음부터 흔쾌히 받아들인 것은 아니다. 아프가니스탄은 신실한 무슬림이 아니어도 관계로 이루어진 사회적 관계를 무시할 수 없다. 비록 해외로 이주했다 하더라도 그 관계를 끊는 것이 어렵다. 해외에 나와 있어도 부모의 중매로 결혼이 행해진다. 지금도 이런 관계는 매우 강력하게 작동한다.
　다행히 자매의 결정을 부모님도 존중해 주었다. 자매가 신앙의 가정을 꾸리고 하나님의 인도하심을 받기를 기도했다.

　시간이 지나자 청년의 연락이 뜸해져 자매도 이 결혼이 성사되지 못할 것이라고 예상했다. 그렇게 청년의 존재가 희미해서 가던 어느 날, 형제로부터 연락이 왔다. 본인이 출석하는 영국 교회 목사님이 자매님을 보고 싶어 한다는 내용이었다. 자매는 목사님과 줌으로 만났다. 목사님은 형제의 침례증서와 6개월간 신앙 교육을 한 결과를 알려 주며 자매가 안심하고 가정을 꾸려도 될 만큼 신앙 성장이 시작되었음을 확인해 주었다.
　형제의 가정도 예수님을 영접했다. 그리고 가정교회에 출석하기로 약속했다. 자매는 한 가지 더 그 형제에게 확신을 가지고 싶었다. 자신이 신학교에서 신학 공부를 하고 평신도 지도자로 살아도 좋을지 물었다. 청년은 언제든지 원하면 신학 공부뿐 아니라 아프가니스탄으로 돌아가 선교 사역을 해도 좋다는 답을 해 주었다.
　얼마 후 형제가 인도네시아로 왔다. 자매가 영국으로 입국할 수 있는 배우자 비자를 소지하고 자매를 데리러 왔다. 자매는 지금 영국으로 이주하여 새로운 삶을 살아가고 있다.

영국에는 아프가니스탄 난민이 많지 않지만 EU국가인 독일엔 많은 아프가니스탄 난민이 거주하고 있다. 자매는 독일에 있는 형제자매들을 섬길 수 있기를 기도하고 있다. 더불어 열심히 신학 공부를 하고 있다. 영국이라는 좋은 환경에서 공부할 수 있는 길이 열렸다.

자매가 인도네시아에 도착하던 날, 자매의 이야기를 전해 듣고 나는 지갑에 있던 달러를 모두 선교사님께 드렸다. 학교 기숙사비를 조금이라도 보태는 데 사용하도록 지원했다. 그녀의 소식을 듣고 너무 감사했다. 새로운 삶을 통해 하나님의 크신 은혜가 넘쳐나길 진심으로 기도한다.

## 5. 인도네시아에서 온 최근의 사역 소식

목사님, 평안하시지요?

주님의 이름으로 문안 인사드립니다. 늘 따뜻한 사랑으로 마음을 다해 기도해 주시고 정성껏 섬겨 주심에 큰 위로와 힘이 되고 있습니다. 저희는 모두 모일 때마다 마음을 다해 감사히 기도하고 있습니다. 사랑이 많으신 능력의 하나님이 항상 함께하셔서 매사에 형통하고 축복해 주시기를 간절히 기도합니다.

지난 주에는 게이트웨이 2기 신학생들의 수업이 있었습니다. 인도네시아에서 7명, 아프가니스탄에서 6명, 이란에서 3명 등 총 16명의 신학생들이 열심히 수업에 참여했습니다.

미국 산호세의 세계선교침례교회 담임목사이신 고상환 교수님께서 오셔서 1주일간 조직신학 강의를 열정적으로 해 주셔서 많은 은혜를 나눴습니다.

신학생 중, 특별히 아프가니스탄에서 참석하고 있는 6명의 신학생들의 안전을 위해 기도해 주시기를 간곡히 부탁드립니다. 지난달에는 예수님을 영접하고 4개월간의 새신자 교육 및 침례 교육을 마친 4명의 형제자매들이 침례를 받고 온전히 개종했습니다. 계속해서 복음을 전하게 하시는 하나님의 은혜에 그저 감사드릴 뿐입니다. 이들의 믿음이 더 자라나 예수님의 참된 제자가 될 수 있도록 기도 부탁드립니다.

게이트웨이 1기 졸업생이면서 찬양팀 리더인 잘릴 형제가 3년간 찬양을 통해 예배자로 양육해 주신 자카르타 한마음교회에서 선교사로 임명을 받고 파송을 받았습니다. 잘릴 선교사가 제대로 하나님께 쓰임 받는 신실한 일꾼이 될 수 있도록 기도 부탁드립니다.

미국 교육부에 등록된 GRAM Interactive School 온라인 학교에서 저희 난민 학교를 인도네시아 분교로 등록해 주셨습니다. 난민 학생들이 제대로 교육을 받고 그에 상응한 졸업장을 받을 수 있게 됐습니다.

청년들에게도 검정고시 과정이 열려져 고등학교 졸업을 할 수 있는 길이 열렸습니다. 게다가 탈레반 정부가 들어섬으로 인해 교육의 기회가 완전히 차단된 아프가니스탄 내 자매들에게도 계속 교육을 제공할 수 있게 됐습니다. 이들이 소망하는 대로 교육을 잘 받아 중고등학교 졸업장을 받을 수 있도록 기도 부탁드립니다.

지난 1월 28일에는 태권도 제자인 잘릴 형제가 태권도 4단을, 알리과 나임 형제들이 태권도 2단 심사를 봤습니다. 태권도 선교사이신 나진영 선교사님과 미국에서 오신 안성일 목사님(태권도 9단)이 도와주었습니다. 이들이 태권도를 통해 복음을 전하는 뜨거운 예수님의 제자들이 될 수 있도록 계속 기도 부탁드립니다.

지난 1월에는 JIU 단기 선교팀 24명이 오셨습니다. 6박 7일간 저희 믿음의 형제자매들과 영어 성경 캠프 및 찬양팀과의 특별 찬양, 가정교회 방문 그리고 난민 학교 학생들과 같이 즐거운 시간을 가졌습니다.

난민 학생들과 선생님들이 아주 기뻐하며 감사했습니다. 특별히 기도로 잘 준비된 JIU 선생님과 학생들의 정성을 다한 섬김에 모두가 큰 은혜를 받아 예수님의 사랑을 나누는 복음의 귀한 통로가 되기도 했습니다.

지난 12월 24일 크리스마스 이브에는 자카르타 한마음교회에서 참 뜻깊은 믿음의 자매와 형제의 결혼식이 있었습니다. 2021년 8월에 탈레반 정부가 들어서면서 TV 방송국의 여기자로 생명의 위협을 받던 자흐라 자매를 이용규 선교사님께서 설립하신 JIU와 협력해서 구출해 그 대학 기숙사에서 공부하며 게이트웨이 2기 신학생인 자매가 13년간 영국에서 난민 생활을 하다 2년 전에 영국 시민권자가 된 아버스 형제에게 직접 복음을 전해 예수님을 영접하게 하고 결혼식을 했습니다.

이들 부부의 믿음이 계속 자라 하나님께 귀히 쓰임 받는 신실한 일꾼이 될 수 있도록 특별히 기도 부탁드립니다.

4월 5일부터 12일간 게이트웨이 2기 선교역사학 강의 및 이·미용 직업훈련 교육이 예정돼 있습니다. 신학생 및 이·미용 직업 훈련 실습생들이 교육을 잘 받을 수 있도록, 또한 교수님들께서도 건강히 은혜롭게 사역을 잘 감당하실 수 있도록 기도 부탁드립니다.

항상 건강하시고 평안하시길 기도합니다. 사랑하고 축복합니다.

- 권용준 선교사 배상

# 에필로그

    한 번, 두 번의 선교 사역이 전 세계 모든 선교지를 복음화하진 못한다. 어떤 선교지도 한두 사람의 헌신으로 선교의 열매와 사역의 결실을 맺을 수 없다. 적어도 100년은 지나야, 아니 어쩌면 더 지루한 시간을 기다려야 할 수도 있다.

    우리는 우리의 손이 닿을 수 있는 부분에 손을 뻗어 나가는 것으로 시작하면 된다. 작은 부분이라도 복음을 향한 열정으로 다른 영혼을 위해 작은 일부터 시작한다면 결과적으로 큰 의미 있는 사역을 할 수 있다고 믿는다.

    내가 몸소 경험하고 체험한 일들이라도 글로 남겨 놓지 않으면 망각이란 강으로 체험적 기억이 사라져 버린다. 몸소 체험한 경험도 즉시로 기록하지 않으면 내가 어떻게 반응했는지, 나는 무엇을 배웠는지 금방 휘발되어 버리고 만다. 부족하지만 글로 남겨 놓기로 작심한 것은 내가 체험한 일을 통해 내가 배우고 성장한 몸부림의 흔적을 남겨 놓길 원해서다. 이런 고통의 흔적이 우리 삶을 성숙과 성장의 모습으로 변해 가도록 나를 이끌기 때문이다.

　나는 선교학자도, 선교사도 아니다. 위대한 선교 전략을 가지고 있지도 못하다. 훌륭한 선교팀이나 선교학 박사학위도 없다. 다만 자신들이 겪어 온 이야기를 들어주고, 자신들을 지지한다고 느끼게 해 주며, 함께 밥을 먹는 일에 최선을 다한다.
　그들의 언어를 구사하지 못해도 전달할 수 있는 영혼의 언어로 그들에게 따뜻함을 전하는 인간이 되길 바란다. 최소한의 몸짓과 미소만으로도 그들에게 예수님을 전달할 수 있다면, 그것이 내가 구사할 수 있는 최고의 선교 전략이라고 믿는다.

　그들이 마시는 커피를 함께 마시고, 그들이 만들어 주는 음식을 누구보다도 맛있게 먹어 주는 것이 내가 지금 할 수 있는 최고의 선교 전략이다. 나는 나에게 따뜻한 아프가니스탄식 커피와 아침을 만들어 준 한나에게 최고의 찬사를 보냈다. 그녀의 눈빛과 손동작만으로 이런 나의 마음이 충분히 전달되었다는 것을 눈치챘다. 이 정도면 아주 훌륭하다.

　몸이 마음을 따라가지 못하면 지치고 지루해진다. 마음이 몸을 따라가지 못하면 강퍅해진다. 냉소적으로 된다. 몸과 마음이 함께 가지 못하면 조급해지거나 지루해진다. 이 사역을 시작할 때 내가 그랬다. 마음이 몸을 따라가지 못했다.

마음을 함께하지 못하면 사역을 바라보는 시선이 냉소적으로 되기 쉽다. 선교지에서 경험한 최고의 선물은 몸과 마음이 서로 공감하여 마음과 몸이 함께하는 공동체를 만들었다는 것이다.

이런 공동체의 연합과 일치가 서로에게 따뜻한 온기와 마음을 만들어 냈다. 이 온기는 성령을 통해 서로 교통하고 교제하게 한다. 내 안에 이런 따뜻함이 있다면 반드시 따뜻한 온기가 전달될 수 있을 것이라고 믿는다.

인도네시아에 있는 난민들을 대상으로 사역을 시작하면서 내가 해야 할 선교 전략이 있다면 바로 이런 것이다. 한 걸음 그들에게 다가가는 사람이 되는 것이다. 따스한 온기와 손길을 유지하는 것이다. 이것이 내가 인도네시아에 있는 난민들을 위해 펼칠 수 있는 최고의 선교 전략이다.

그들은 나에게 고맙다고 말한다. 역사를 가르쳐 주고 신학을 가르쳐 줘서 고맙다고 말한다. 목회자가 되기 위한 여러 가지 학문적인 이론을 가르쳐 주어서 고맙다고 말한다. 하지만 그들이 모르는 것이 있다.

나는 그들에게서 더 많은 것을 배웠다. 그들은 나에게 더 많은 것을 주었다. 내 안에 전혀 경험하지 못했던 새로운 세계와 삶을 가르쳐 주었다.

21세기를 살아가는 지구상에 이토록 예수님을 믿는 것에 목숨을 다하는 사람이 있다는 것을 배웠다. 난민 캠프라는 고통의 나무에도 복음의 꽃이 활짝 필 수 있음을 보여 주었다. 그 꽃이 얼마나 아름답고 향기로운지 가르쳐 주었다.

나는 이들에게 감사한다. 이전엔 눈으로 보이는 것만 진실로 알고 살아가던 나에게 새로운 눈으로 보면 보이는 영적 삶의 영역을 보게 해 주었다.

폭탄이 터져 가족을 잃었어요.
탈레반에 의해 직장을 잃고 난민이 되었어요.
기독교인이 되어 이혼을 당했어요.
삶을 포기하고 자폭하는 마음으로 자살을 시도했어요.

가족들, 엄마가 보고 싶어요. 나는 고향으로 돌아갈 수 있을까요?
난민 캠프에서 폭력을 당했어요.
난민 캠프가 너무너무 힘들어요.
언제 제3국으로 갈 수 있을까요?

저마다 가슴 한편에 자신의 상처와 아픔을 품고 살아가는 절박한 영혼의 아픔을 가르쳐 주었다. 이런 아픔 하나도 충분히 아린데, 이런 일이 일상이요 다반사가 되어 살아가는 척박함을 가르쳐 준 그들에게 감사한다. 이런 척박한 곳에서 피는 꽃이 얼마나 아름답고 향기로운지 알게 해 준 것에 감사하다.

이런 아름다운 열매를 내 생애 어디에서 볼 수 있으랴!

나는 진정으로 그들에게 감사한다. 책에서도 배울 수 없었던 날것과 같은 신앙의 야성을 보았다. 편안한 미국 생활에서 만날 수 없는 삶의 거침을 보았다. 그 거친 나무에서 얼마나 아름다운 꽃을 피우고 열매를 맺을 수 있는지 보았다. 나에게 없었던 세계를 넓혀 준 이들에게 진정 감사한다.

이들을 처음 만나기 위해 길을 나선 것은 나에게 모험 같은 것이었다. 나는 그 모험과 같은 길에서 너무나도 큰 보물을 발견했다. 보물을 찾아나선 모험의 길은 아니었지만 그곳에 가야만 캐낼 수 있는 광맥을 만났다. 그 광맥을 더 파 내려가면 어떤 보석과 보물을 발견할 수 있을지 황홀한 상상이 더해져 이젠 그 모험의 길이 즐겁다.

선교는 저항이다. 자신의 안일함에 대한 저항이다. 한없이 게을러지는 나 자신에 대한 저항이다. 이기심의 발로와 결정으로부터 저항이다. 저항값이 클수록 극복해 내야 하는 에너지가 더 커야 한다. 큰 저항값을 극복하면 그에 따른 보상이 생긴다. 지구의 중력을 거스려 저항하면 우리의 몸은 아름다운 근육을 얻는다. 근육은 우리의 몸에 큰 에너지를 공급한다.

인간의 신체 중 뇌는 저항값이 가장 큰 신체다. 뇌를 각성하려면 많은 저항을 이겨내야 한다. 뇌의 저항값을 단번에 각성시키는 방법은 두 가지다. 꾸준히 뇌에게 변화가 되었다는 것을 인식시키는 일이다. 뇌 과학자들은 적어도 3개월은 꾸준히 인식시켜 줘야 한다고 말한다.

또 한 가지는 뇌가 저항을 하지 못하도록 엄청난 충격을 받는 것이다. 뇌는 큰 충격에 각성하게 된다. 선교야말로 늘 저항하는 뇌를 단번에 각성할 수 있는 방법이다. 각성된 뇌는 안일함과 게으름을 단숨에 무너뜨린다. 이런 각성을 통해 새로운 곳을 향한 발걸음과 떠남의 여정을 시작할 수 있다.

떠남은 새로운 만남이라는 여행의 진면목을 보여 준다. 진정한 선교 사역은 떠남에서 시작하여 새로운 만남으로 끝맺어 가는 여정 속에서 일어나는 신비로운 변화의 과정이다. 이런 과정 속에서 본질적으로 필요한 만남인 하나님과의 깊은 만남이 얼마나 중요한 것인지 새삼 깨닫게 된다. 선교 여행을 위해 떠났던 자리에서 본질적인 하나님을 만나는 자리로 되돌아오는 것이 선교라는 것을 깨닫게 된다.

사역의 열매를 맺는 방법에는 많은 경우의 수가 있다. 내가 열심히 사역의 씨앗을 뿌려 그 열매를 얻는 방법이다. 또 하나는 열심히 일구고 가꾸어 놓은 사역의 현장에 추수꾼으로 열매를 거두는 일이다.

책을 쓰는 방법에도 두 가지가 있다. 내 이야기를 쓰는 것이다. 내가 경험하고 내 속에서 체화된 이야기를 써 내는 것이다. 또 하나는 다른 사람의 이야기를 내 이야기처럼 쓰는 것이다. 이 책은 후자의 경우다. 권용준 선교사님 가정이 꽃피운 사역의 이야기를 잠시 경험한 것으로 마치 내 열매인 것처럼 써 내려간 글이다.

다행히 나는 다른 사람이 꽃피운 사역과 열매를 또 다른 사람에게 소개할 수 있는 기회를 경험했다. 내가 그랬다면 이 글을 읽는 당신도 그렇게 할 수 있다. 내가 스스로 열매를 맺을 수 있다면 좋은 일이다. 하지만 다른 이가 열매를 맺을 수 있도록 도울 수 있다면 이 일도 매우 훌륭하고 아름다운 일이다.

이 이야기는 이제 시작에 불과하다. 나는 이 글을 쓰면서 서두에서 밝혔듯이 내가 경험한 아주 적은 경험을 기초로 이 글을 쓰고 있다. 이 사역의 진짜 주역인 권용준 선교사님이 책을 썼다면 더 진솔하고 아름다운 이야기를 들려주었을 것이다.

나는 언젠가 기대한다. 권용준 선교사님과 아프가니스탄의 형제자매들이 자신들의 이야기를 세상에 내놓을 날을. 그때 아마도 내 글은 많이 부끄럽고 창피할 수 있겠지만, 그래도 난 그날을 꿈꾼다.

    나는 다만 내 글이 그들의 사역과 삶에 피해를 주지 않기를 소망하며 이 글을 썼다. 글을 쓰면서 나는 그들이 실제로 경험하고 있는 삶을 글로 옮긴다는 것에 한계를 느꼈다. 제일 좋은 것은 직접 그 사역 현장을 경험하는 것이다. 무슨 일이 벌어지고 있는지, 어떻게 이런 일이 벌어질 수 있는지, 앞으로 어떤 일이 벌어질지를 보면 우리의 시선은 더 넓어질 것이다. 더 보이고 더 들릴 것이 확실하다. 아는 만큼 보이고 경험한 만큼 이해되는 것은 세상사 이치에 해당하니 그렇다.

    인생의 고통과 고난, 죽음을 통과한 언어와 단어의 무게는 결코 가볍지 않다. 이 글을 쓸 때는 그저 '한 번 써 보자' 하는 가벼운 마음으로 시작했다. 하지만 이들의 삶과 간증을 통과하면서 모이고 선택된 단어들은 그 무게를 고스란히 담고 있다.

    내 몸이 몸소 겪은 체험이 다행히 적절한 단어와 언어를 만나 나름 이야기로 엮어 낼 수 있었다. 저들이 겪고 있는 삶의 무게를 100퍼센트 담아내지 못하는 아쉬움은 다음 기회에 더 진솔하게 써 보기로 하고 지난 몇 달 동안 한 문장이라도 엮어 보려고 사투했다.

    이런 엄청난 사역을 나 같은 사람이 경험할 수 있게 해 주신 동료 교수님들과 동역자 여러분들께 감사드린다. 한 팀으로 사역을 허락한 이분들의 인내와 오래 참음이 없었다면 나는 이런 황홀하고 아름다운 경험을 하지 못했을 것이다.

나는 인도네시아의 사역에서, 선교사님의 삶을 통해, 아프가니스탄 형제자매들의 인생 여정에서 하나님의 음성을 들었다. 아주 분명히, 그리고 또렷이 아주 여러 차례, 자주 들었다.

"나는 여전히 아프가니스탄을 사랑한다. 나는 단 한 번도 아프가니스탄을 떠난 적이 없다."